Chutě Asie

Chuťové lahůdky z exotických kuchyní

Linh Nguyen

obsah

Krevety s liči omáčkou 9
Mandarinské smažené krevety 11
Krevety s Mangetoutem 12
Čínské houbové krevety 14
Dušené krevety a hrášek 15
Krevety s mangovým chutney 16
Pekingské krevety 18
chilli krevety 19
Restované královské krevety s vepřovým masem 20
Smažené královské krevety se sherry omáčkou 22
Sezamové smažené krevety 24
Krevety restované ve skořápce 25
smažená kreveta 26
Krevety Tempura 26
Žvýkačka 27
Krevety s tofu 28
Krevety s rajčaty 29
Krevety v rajčatové omáčce 30
Krevety v rajčatové omáčce a Chile 31
Smažené královské krevety s rajčatovou omáčkou 32
krevety se zeleninou 33
Krevety s vodním kaštanem 34
krevetové ravioli 35
Kuře Abalone 36
Chřest Abalone 37
Houba Abalone 39
Abalone s ústřicovou omáčkou 39
dušené ústřice 40
Ústřice s fazolovými klíčky 41
Zázvorové a česnekové ústřice 42
dušené ústřice 43
krabí koláčky 44

krabí pudink 45
čínské listové krabí maso 46
Foo Yung krab s fazolovými klíčky 47
Zázvorový krab 48
Krab Lo Mein 49
Dušený krab s vepřovým masem 51
smažené krabí maso 52
smažené kuličky olihně 53
kantonský humr 54
smažený humr 55
Dušený humr se šunkou 56
humr s houbami 57
Ocasy vepřového humra 58
dušený humr 59
humří hnízda 60
Mušle v omáčce z černých fazolí 61
Mušle se zázvorem 63
dušené mušle 64
smažené ústřice 64
ústřice se slaninou 65
Ústřice smažené na zázvoru 66
Ústřice s omáčkou z černých fazolí 67
Hřebenatky s bambusovými výhonky 68
Vaječné mušle 69
Hřebenatky s brokolicí 70
Zázvorové mušle 72
Hřebenatky se šunkou 73
Hřebenatky smíchané s bylinkami 74
Dušené mušle a cibule 75
Hřebenatky se zeleninou 76
Hřebenatky s pepřem 77
Chobotnice z fazolových klíčků 78
smažená chobotnice 79
chobotnicové balíčky 80
smažené chobotnice 82
Dusená chobotnice 84

Chobotnice se sušenými houbami 84
Chobotnice se zeleninou 85
Vařené hovězí maso s anýzem 86
Hovězí maso s chřestem 87
Hovězí maso Bamboo Sprout 88
Hovězí maso s bambusovými výhonky a houbami 89
Čínské dušené hovězí maso 90
Bean Sprouts Hovězí maso 91
Steak z brokolice 92
Sezamové hovězí s brokolicí 93
smažené maso 95
kantonské hovězí maso 96
Hovězí maso s mrkví 97
Hovězí maso s kešu oříšky 98
Pomalý hrnec hovězí kastrol 99
Květák hovězí maso 100
Hovězí maso s celerem 101
Smažené hovězí plátky s celerem 102
Krouhané hovězí maso s kuřecím masem a celerem 103
Hovězí maso s chile 104
Hovězí maso s čínským zelím 106
Telecí kotlety Suey 107
hovězí maso s okurkou 108
Hovězí Chow Mein 109
okurkový steak 111
Hovězí kari v troubě 111
dušená šunka 113
kapustová slanina 114
mandlové kuře 115
Kuře z mandlí a vodních kaštanů 117
Kuře s mandlemi a zeleninou 118
anýzové kuře 120
Meruňkové kuře 121
Kuře s chřestem 121
kuře z lilku 122
slaninou rolované kuře 123

Kuře z fazolových klíčků 124
Kuře s omáčkou z černých fazolí 125
brokolicové kuře 126
Zelí a arašídové kuře 127
Kuře s kešu oříšky 128
Kaštanové kuře 130
pálivé kuře 131
Chilli restované kuře 133
Kuřecí kotlety Suey 135
kuřecí moučka 137
Křupavé pikantní kuře 139
Smažené kuře s okurkou 141
Pikantní kuře na kari 143
čínské kuřecí kari 144
rychlé kuřecí kari 144
Kuře na bramborovém kari 145
smažené kuřecí nohy 146
Smažené kuře s kari omáčkou 147
opilé kuře 148
Vejce solené kuře 150
kuřecí rolky 152
Smažené kuře s vejcem 153
kuře na dálném východě 155
Kuře Foo Yung 157
Šunka a kuře Foo Yung 158
Kuře smažené na zázvoru 159
zázvorové kuře 160
Zázvorové kuře s houbami a kaštany 161
zlaté kuře 162
Marinované zlaté kuřecí guláš 162
zlaté mince 164
Kuře v páře se šunkou 166
Kuře s Hoisin omáčkou 167
medové kuře 169
Kuře Kung Pao 170
pórkové kuře 172

citronové kuře 173
Pečené kuře s citronem 175
Kuřecí játra z bambusových výhonků 177
smažená kuřecí játra 178
Kuřecí játra s mangetoutem 179
Kuřecí játra s nudlovými placičkami 180
Kuřecí játra s ústřicovou omáčkou 181
Kuřecí játra s ananasem 182
Sladkokyselá kuřecí játra 183
Kuře s liči 184
Kuře s liči omáčkou 185
Kuře s Mangetoutem 187
Mango kuře 188
Kuřecí plněný meloun 190
Dušené kuře a houby 191
Kuře s houbami a arašídy 192
Houbové restované kuře 194
Dušené kuře s houbami 196
Cibulové kuře 197
pomerančové a citronové kuře 198
Kuře s ústřicovou omáčkou 199
kuřecí balíčky 200
arašídové kuře 201
Kuře na arašídovém másle 202
kuře s hráškem 204
pekingské kuře 205
chilli kuře 206
Kuře na pepři 208
kuře a ananas 210
Kuře s ananasem a liči 211
kuře s vepřovým masem 212
Dušená vejce se šunkou a rybami 214
Dušená vejce s vepřovým masem 214

Krevety s liči omáčkou

pro 4 osoby

50 g / 2 oz / ¬Ω jeden hrnec (univerzální)

Sláva

2,5 ml / ¬Ω lžička soli

1 vejce, lehce rozšlehané

30 ml / 2 polévkové lžíce vody

450 g loupaných krevet

Olej na smažení

30 ml / 2 polévkové lžíce arašídového oleje

2 plátky kořene zázvoru, nakrájené

30 ml / 2 polévkové lžíce vinného octa

5 ml / 1 lžička cukru

2,5 ml / ¬Ω lžička soli

15 ml / 1 polévková lžíce sójové omáčky

200 g / 7 oz konzervované liči, scezené

Vypracujte těsto smícháním mouky, soli, vejce a vody, podle potřeby přidejte ještě trochu vody. Smíchejte s krevetami, dokud nejsou dobře poražené. Rozehřejte olej a krevety pár minut opékejte, dokud nebudou křupavé a zlaté. Nechte okapat na kuchyňském papíře a přendejte na teplý servírovací talíř. Mezitím rozehřejte olej a 1 minutu smažte zázvor. Přidejte vinný ocet, cukr, sůl a sójovou omáčku. Přidejte liči a míchejte do horkého stavu a zalijte omáčkou. Přelijte krevety a ihned podávejte.

Mandarinské smažené krevety

pro 4 osoby

60 ml / 4 polévkové lžíce arašídového oleje
1 stroužek prolisovaného česneku
1 plátek kořene zázvoru, nasekaný
450 g loupaných krevet
30 ml / 2 polévkové lžíce rýžového vína nebo suchého sherry 30 ml / 2 polévkové lžíce sójové omáčky
15 ml / 1 polévková lžíce kukuřičné mouky (kukuřičný škrob)
45 ml / 3 polévkové lžíce vody

Rozehřejte olej a orestujte česnek a zázvor do mírně zlatavé barvy. Přidejte krevety a opékejte 1 minutu. Přidejte víno nebo sherry a dobře promíchejte. Přidejte sójovou omáčku, kukuřičný škrob a vodu a opékejte 2 minuty.

Krevety s Mangetoutem

pro 4 osoby

5 sušených čínských hub
225 g/8 unce fazolových klíčků
60 ml / 4 polévkové lžíce arašídového oleje
5 ml / 1 lžička soli
2 nakrájené stonky celeru
4 jarní cibulky (nakrájená jarní cibulka).
2 stroužky prolisovaného česneku
2 plátky kořene zázvoru, nakrájené
60 ml / 4 polévkové lžíce vody
15 ml / 1 polévková lžíce sójové omáčky
15 ml / 1 lžíce rýžového vína nebo suchého sherry
8 uncí / 225 g sněhového hrášku
225 g/8 uncí loupaných krevet
15 ml / 1 polévková lžíce kukuřičné mouky (kukuřičný škrob)

Houby namočte na 30 minut do teplé vody, poté slijte. Vyhoďte stonky a odřízněte vršky. Fazolové klíčky spaříme 5 minut ve vroucí vodě a dobře scedíme. Rozehřejte polovinu oleje a smažte sůl, celer, jarní cibulku a fazolové klíčky po dobu 1 minuty, poté vyjměte z pánve. Rozehřejte zbylý olej a orestujte na něm česnek a zázvor lehce dozlatova. Přidejte polovinu vody, sójovou omáčku, víno nebo sherry, hrášek a krevety, přiveďte k varu a vařte 3 minuty. Kukuřičnou krupici a zbylou vodu rozmixujte na pastu, vmíchejte do pánve a za stálého míchání vařte, dokud omáčka nezhoustne. Vraťte zeleninu do pánve, vařte, dokud se dobře nezahřeje. Podávejte najednou.

Čínské houbové krevety

pro 4 osoby

8 sušených čínských hub
45 ml / 3 polévkové lžíce arašídového oleje (arašídový)
3 plátky kořene zázvoru, nakrájené
450 g loupaných krevet
15 ml / 1 polévková lžíce sójové omáčky
5 ml / 1 lžička soli
60 ml / 4 polévkové lžíce rybího vývaru

Houby namočte na 30 minut do teplé vody, poté slijte. Vyhoďte stonky a odřízněte vršky. Rozehřejte polovinu oleje a orestujte zázvor lehce dozlatova. Přidejte krevety, sójovou omáčku a sůl a restujte, dokud nejsou pokryty olejem, poté vyjměte z pánve. Zahřejte zbylý olej a opékejte houby, dokud nejsou potažené olejem. Přilijeme vývar, přivedeme k varu, přikryjeme a vaříme 3 minuty. Vraťte krevety na pánev a míchejte, dokud se nezahřejí.

Dušené krevety a hrášek

pro 4 osoby

450 g loupaných krevet
5 ml / 1 lžička sezamového oleje
5 ml / 1 lžička soli
30 ml / 2 polévkové lžíce arašídového oleje
1 stroužek prolisovaného česneku
1 plátek kořene zázvoru, nasekaný
8 uncí / 225 g blanšírovaného nebo mraženého hrášku, rozmraženého
4 jarní cibulky (nakrájená jarní cibulka).
30 ml / 2 polévkové lžíce vody
sůl a pepř

Smíchejte krevety se sezamovým olejem a solí. Rozehřejte olej a smažte česnek a zázvor po dobu 1 minuty. Přidejte krevety a opékejte 2 minuty. Přidejte hrášek a smažte 1 minutu. Přidejte pažitku a vodu a pokud chcete, přidejte sůl, pepř a trochu sezamového oleje. Před podáváním zahřejte, pečlivě promíchejte.

Krevety s mangovým chutney

pro 4 osoby

12 krevet

sůl a pepř

šťáva z 1 citronu

30 ml / 2 polévkové lžíce kukuřičné mouky (kukuřičný škrob)

1 rukojeť

5 ml / 1 lžička hořčičného prášku

5 ml / 1 lžička medu

30 ml / 2 lžíce kokosové smetany

30 ml / 2 polévkové lžíce světlého kari

120 ml / 4 fl oz / ¬Ω šálek kuřecího vývaru

45 ml / 3 polévkové lžíce arašídového oleje (arašídový)

2 stroužky prolisovaného česneku

2 zelené cibule (nakrájená jarní cibulka).

1 cibule fenyklu, nakrájená

100 g / 4 oz nálev z manga

Oloupejte krevety s neporušenými ocasy. Posypte solí, pepřem a citronovou šťávou, poté přidejte polovinu kukuřičné mouky. Mango oloupejte, oddělte dužinu od kosti a dužinu nakrájejte na kostičky. Vmíchejte hořčici, med, kokosovou smetanu, kari, zbývající kukuřičný škrob a vývar. Rozehřejte polovinu oleje a 2 minuty opékejte česnek, pažitku a fenykl. Přidejte směs vývaru, přiveďte k varu a vařte 1 minutu. Přidejte kostky manga a horkou omáčku a mírně prohřejte, poté přeneste na teplý servírovací talíř. Zahřejte zbývající olej a smažte krevety po dobu 2 minut. Položte je na zeleninu a podávejte je všechny najednou.

Pekingské krevety

pro 4 osoby

30 ml / 2 polévkové lžíce arašídového oleje
2 stroužky prolisovaného česneku
1 plátek kořene zázvoru, jemně nasekaný
225 g/8 uncí loupaných krevet
4 jarní cibulky (párky), nakrájené na silné plátky
120 ml / 4 fl oz / ¬Ω šálek kuřecího vývaru
5 ml / 1 lžička hnědého cukru
5 ml / 1 lžička sójové omáčky
5 ml / 1 lžička rozinkové omáčky
5 ml / 1 lžička tabasco omáčky

Rozehřejte olej s česnekem a zázvorem a opékejte, dokud česnek lehce nezezlátne. Přidejte krevety a opékejte 1 minutu. Přidejte pažitku a opékejte 1 minutu. Přidejte zbývající ingredience, přiveďte k varu, přikryjte a za občasného míchání vařte 4 minuty. Ovládejte koření a podle chuti přidejte ještě trochu tabasco omáčky.

chilli krevety

pro 4 osoby

30 ml / 2 polévkové lžíce arašídového oleje
1 zelená paprika nakrájená na malé kousky
450 g loupaných krevet
10 ml / 2 lžičky kukuřičné mouky (kukuřičný škrob)
60 ml / 4 polévkové lžíce vody
5 ml / 1 lžička rýžového vína nebo suchého sherry
2,5 ml / ½ lžička soli
45 ml / 2 polévkové lžíce rajčatového protlaku (pasta)

Rozehřejte olej a 2 minuty opékejte papriku. Přidejte krevety a rajčatový protlak a dobře promíchejte. Smíchejte vodu z kukuřičné mouky, víno nebo sherry a sůl na pastu, promíchejte v pánvi a za stálého míchání vařte, dokud omáčka nezhoustne a nezhoustne.

Restované královské krevety s vepřovým masem

pro 4 osoby

225 g/8 uncí loupaných krevet
100g/4oz libové vepřové maso, mleté
60 ml / 4 lžíce rýžového vína nebo suchého sherry
1 vaječný bílek
45 ml / 3 lžíce kukuřičné mouky (kukuřičný škrob)
5 ml / 1 lžička soli
15 ml / 1 polévková lžíce vody (volitelně)
90 ml / 6 lžic arašídového oleje
45 ml / 3 polévkové lžíce rybího vývaru
5 ml / 1 lžička sezamového oleje

Dejte krevety a vepřové maso na samostatné talíře. Smíchejte 45 ml / 3 lžíce vína nebo sherry, bílek, 30 ml / 2 lžíce kukuřičné mouky a sůl na sypké těsto, v případě potřeby přidejte vodu. Směs rozdělte mezi vepřové maso a krevety a dobře promíchejte, aby se obalila rovnoměrně. Rozehřejte olej a pár minut opékejte vepřové maso a krevety dozlatova. Vyjměte z pánve a nalijte vše kromě 15 ml/1 polévkovou lžíci oleje. Přidejte vývar do pánve se zbývajícím vínem nebo sherry a kukuřičnou moukou. Přiveďte k varu a za stálého míchání vařte, dokud omáčka nezhoustne.

Nalijte na krevety a vepřové maso a podávejte s posypaným sezamovým olejem.

Smažené královské krevety se sherry omáčkou

pro 4 osoby

50 g / 2 oz / ¬Ω šálek hladké mouky (univerzální)

2,5 ml / ¬Ω lžička soli

1 vejce, lehce rozšlehané

30 ml / 2 polévkové lžíce vody

450 g loupaných krevet

Olej na smažení

15 ml / 1 polévková lžíce arašídového oleje

1 najemno nakrájená cibule

45 ml / 3 lžíce rýžového vína nebo suchého sherry

15 ml / 1 polévková lžíce sójové omáčky

120 ml / 4 fl oz / ¬Ω šálek rybího vývaru

10 ml / 2 lžičky kukuřičné mouky (kukuřičný škrob)

30 ml / 2 polévkové lžíce vody

Vypracujte těsto smícháním mouky, soli, vejce a vody, podle potřeby přidejte ještě trochu vody. Smíchejte s krevetami, dokud nejsou dobře poražené. Rozehřejte olej a krevety pár minut opékejte, dokud nebudou křupavé a zlaté. Nechte okapat na kuchyňském papíru a položte na teplý servírovací talíř. Mezitím rozehřejeme olej a orestujeme cibuli do měkka. Přidejte víno nebo sherry, sójovou omáčku a vývar, přiveďte k varu a vařte 4 minuty. Smíchejte kukuřičnou krupici a vodu do pasty, promíchejte v pánvi a za stálého míchání vařte, dokud omáčka nezhoustne a nezhoustne. Krevety přelijte omáčkou a podávejte.

Sezamové smažené krevety

pro 4 osoby

450 g loupaných krevet

¬Ω vaječný bílek

5 ml / 1 lžička sójové omáčky

5 ml / 1 lžička sezamového oleje

50 g / 2 oz / ¬Ω šálek kukuřičné mouky (kukuřičný škrob)

sůl a čerstvě mletý bílý pepř

Olej na smažení

60 ml / 4 lžíce sezamu

Listy zelí

Smíchejte krevety s bílkem, sójovou omáčkou, sezamovým olejem, kukuřičným škrobem, solí a pepřem. Pokud je směs příliš hustá, přidejte trochu vody. Zahřejte olej a smažte krevety několik minut, dokud lehce nezhnědnou. Mezitím na suché pánvi krátce orestujte sezamová semínka do zlatova. Krevety sceďte a smíchejte se sezamem. Podávejte na salátovém lůžku.

Krevety restované ve skořápce

pro 4 osoby

60 ml / 4 polévkové lžíce arašídového oleje

750 g / 1¬Ω lb neloupané krevety

3 jarní cibulky (nakrájená jarní cibulka).

3 plátky kořene zázvoru, nakrájené

2,5 ml / ¬Ω lžička soli

15 ml / 1 lžíce rýžového vína nebo suchého sherry

120 ml / 4 fl oz / ¬Ω šálek rajčatové omáčky (kečup)

15 ml / 1 polévková lžíce sójové omáčky

15 ml / 1 polévková lžíce cukru

15 ml / 1 polévková lžíce kukuřičné mouky (kukuřičný škrob)

60 ml / 4 polévkové lžíce vody

Zahřejte olej a smažte krevety po dobu 1 minuty, pokud jsou vařené, nebo dozlatova, pokud jsou syrové. Přidejte jarní cibulku, zázvor, sůl a víno nebo sherry a vařte 1 minutu. Přidejte rajčatovou omáčku, sójovou omáčku a cukr a smažte 1 minutu. Smíchejte kukuřičnou krupici a vodu, vmíchejte do pánve a za stálého míchání vařte, dokud omáčka nezhoustne a nezhoustne.

smažená kreveta

pro 4 osoby

75 g / 3 oz / hromada ¬° šálku kukuřičné mouky (kukuřičný škrob)

1 vaječný bílek

5 ml / 1 lžička rýžového vína nebo suchého sherry

sůl

350g/12oz loupané krevety

Olej na smažení

Z kukuřičné mouky, bílků, vína nebo sherry a špetky soli vyšleháme husté těsto. Ponořte krevety do těsta, dokud nejsou dobře rozmačkané. Rozehřejte olej do středně hnědé barvy a smažte krevety několik minut do zlatohněda. Vyjměte z oleje, zahřejte do zlatohněda a znovu opečte krevety, dokud nebudou křupavé a zlaté.

Krevety Tempura

pro 4 osoby

450 g loupaných krevet

30 ml / 2 lžíce hladké mouky (univerzální)
30 ml / 2 polévkové lžíce kukuřičné mouky (kukuřičný škrob)
30 ml / 2 polévkové lžíce vody
2 míchaná vejce
Olej na smažení

Krevety naříznětě uprostřed vnitřního záhybu a rozložte je tak, aby vytvořili motýla. Smíchejte mouku, kukuřičný škrob a vodu, dokud nevytvoříte těsto, poté přidejte vejce. Rozehřejte olej a opečte krevety do zlatova.

Žvýkačka

pro 4 osoby

30 ml / 2 polévkové lžíce arašídového oleje
2 zelené cibule (nakrájená jarní cibulka).
1 stroužek prolisovaného česneku
1 plátek kořene zázvoru, nasekaný
100g/4oz kuřecí prsa, nakrájená na nudličky
100 g šunky nakrájené na proužky
100g/4oz bambusové výhonky, nakrájené na proužky
100 g vodních kaštanů nakrájených na proužky
225 g/8 uncí loupaných krevet
30 ml / 2 polévkové lžíce sójové omáčky
30 ml / 2 lžíce rýžového vína nebo suchého sherry

5 ml / 1 lžička soli

5 ml / 1 lžička cukru

5 ml / 1 lžička kukuřičné mouky (kukuřičný škrob)

Rozehřejte olej a opečte na něm cibulku, česnek a zázvor do světle zlaté barvy. Přidejte kuře a opékejte 1 minutu. Přidejte šunku, bambusové výhonky a kaštany a opékejte 3 minuty. Přidejte krevety a opékejte 1 minutu. Přidejte sójovou omáčku, víno nebo sherry, sůl a cukr a vařte 2 minuty. Kukuřičnou krupici smícháme s trochou vody, dáme do rendlíku a za stálého míchání vaříme na mírném ohni 2 minuty.

Krevety s tofu

pro 4 osoby

45 ml / 3 polévkové lžíce arašídového oleje (arašídový)

8 oz / 225 g tofu, nakrájené na kostičky

1 jarní cibulka (cibulka), nakrájená

1 stroužek prolisovaného česneku

15 ml / 1 polévková lžíce sójové omáčky

5 ml / 1 lžička cukru

90 ml / 6 lžic rybího vývaru

225 g/8 uncí loupaných krevet
15 ml / 1 polévková lžíce kukuřičné mouky (kukuřičný škrob)
45 ml / 3 polévkové lžíce vody

Polovinu oleje rozehřejte a tofu opečte do světle zlaté barvy, poté vyjměte z pánve. Rozehřejte zbývající olej a opečte na něm cibulku a česnek do světle zlatavé barvy. Přidejte sójovou omáčku, cukr a vývar a přiveďte k varu. Přidejte krevety a na mírném ohni míchejte 3 minuty. Kukuřičnou krupici a vodu rozmixujte na pastu, promíchejte na pánvi a za stálého míchání vařte, dokud omáčka nezhoustne. Vraťte tofu do pánve a vařte, dokud se dobře nerozpálí.

Krevety s rajčaty

pro 4 osoby

2 bílky
30 ml / 2 polévkové lžíce kukuřičné mouky (kukuřičný škrob)
5 ml / 1 lžička soli
450 g loupaných krevet
Olej na smažení
30 ml / 2 lžíce rýžového vína nebo suchého sherry

8 oz / 225 g rajčat, oloupaných, zbavených semínek a nakrájených

Smíchejte bílky, kukuřičný škrob a sůl. Přidejte krevety, dokud nejsou dobře potažené. Zahřejte olej a smažte krevety, dokud se neuvaří. Vše slijte kromě 15 ml / 1 polévkovou lžíci oleje a znovu zahřejte. Přidejte víno nebo sherry a rajčata a přiveďte k varu. Přidejte krevety a před podáváním rychle prohřejte.

Krevety v rajčatové omáčce

pro 4 osoby

30 ml / 2 polévkové lžíce arašídového oleje
1 stroužek prolisovaného česneku
2 plátky kořene zázvoru, nakrájené
2,5 ml / ¬Ω lžička soli
15 ml / 1 lžíce rýžového vína nebo suchého sherry
15 ml / 1 polévková lžíce sójové omáčky
6 ml / 4 polévkové lžíce rajčatové omáčky (kečup)
120 ml / 4 fl oz / ¬Ω šálek rybího vývaru
350g/12oz loupané krevety
10 ml / 2 lžičky kukuřičné mouky (kukuřičný škrob)
30 ml / 2 polévkové lžíce vody

Rozehřejte olej a 2 minuty opékejte česnek, zázvor a sůl. Přidejte víno nebo sherry, sójovou omáčku, rajčatovou omáčku a vodu a přiveďte k varu. Přidejte krevety, přikryjte a vařte 2 minuty. Smíchejte kukuřičnou krupici a vodu do pasty, promíchejte v pánvi a za stálého míchání vařte, dokud omáčka nezhoustne a nezhoustne.

Krevety v rajčatové omáčce a Chile

pro 4 osoby

60 ml / 4 polévkové lžíce arašídového oleje
15 ml / 1 polévková lžíce mletého zázvoru
15 ml / 1 polévková lžíce mletého česneku
15 ml / 1 polévková lžíce nasekané jarní cibulky
60 ml / 4 polévkové lžíce rajčatového protlaku (pasta)
15 ml / 1 polévková lžíce pálivé omáčky
450 g loupaných krevet
15 ml / 1 polévková lžíce kukuřičné mouky (kukuřičný škrob)
15 ml / 1 polévková lžíce vody

Rozehřejte olej a smažte zázvor, česnek a jarní cibulku po dobu 1 minuty. Přidejte rajčatový protlak a paprikovou pastu a dobře promíchejte. Přidejte krevety a opékejte 2 minuty. Smíchejte kukuřičnou krupici a vodu, dokud nedosáhne pastovité konzistence, vložte ji do hrnce a vařte, dokud omáčka nezhoustne. Podávejte najednou.

Smažené královské krevety s rajčatovou omáčkou

pro 4 osoby

50 g / 2 oz / ¬Ω šálek hladké mouky (univerzální)

2,5 ml / ¬Ω lžička soli

1 vejce, lehce rozšlehané

30 ml / 2 polévkové lžíce vody

450 g loupaných krevet

Olej na smažení

30 ml / 2 polévkové lžíce arašídového oleje

1 najemno nakrájená cibule

2 plátky kořene zázvoru, nakrájené

75 ml / 5 lžic rajčatové omáčky (kečup)

10 ml / 2 lžičky kukuřičné mouky (kukuřičný škrob)

30 ml / 2 polévkové lžíce vody

Vypracujte těsto smícháním mouky, soli, vejce a vody, podle potřeby přidejte ještě trochu vody. Smíchejte s krevetami, dokud nejsou dobře poražené. Rozehřejte olej a krevety pár minut opékejte, dokud nebudou křupavé a zlaté. Nechte okapat na papírových utěrkách.

Mezitím rozehřejte olej a orestujte na něm cibuli a zázvor do měkka. Přidejte rajčatovou omáčku a vařte 3 minuty. Kukuřičnou krupici a vodu rozmixujte na pastu, promíchejte na pánvi a za stálého míchání vařte, dokud omáčka nezhoustne. Přidejte krevety do pánve a vařte, dokud se dobře nezahřejí. Podávejte najednou.

krevety se zeleninou

pro 4 osoby

15 ml / 1 polévková lžíce arašídového oleje
225 g / 8 uncí růžičky brokolice
225 g / 8 uncí hub
225 g/8 uncí bambusových výhonků, nakrájených na plátky

450 g loupaných krevet

120 ml / 4 fl oz / ½ šálek kuřecího vývaru

5 ml / 1 lžička kukuřičné mouky (kukuřičný škrob)

5 ml / 1 lžička ústřicové omáčky

2,5 ml / ½ lžička cukru

2,5 ml / ½ lžičky strouhaného kořene zázvoru

špetka čerstvě mletého pepře

Rozehřejte olej a brokolici opékejte 1 minutu. Přidejte houby a bambusové výhonky a opékejte 2 minuty. Přidejte krevety a opékejte 2 minuty. Smíchejte zbývající přísady a vmíchejte do směsi krevet. Přiveďte k varu, promíchejte a poté za stálého míchání 1 minutu povařte.

Krevety s vodním kaštanem

pro 4 osoby

60 ml / 4 polévkové lžíce arašídového oleje

1 stroužek mletého česneku

1 plátek kořene zázvoru, nasekaný

450 g loupaných krevet
*2 polévkové lžíce/30 ml rýžového vína nebo suchého sherry 8
uncí/225 g kaštanů, nakrájených na plátky*
30 ml / 2 polévkové lžíce sójové omáčky
15 ml / 1 polévková lžíce kukuřičné mouky (kukuřičný škrob)
45 ml / 3 polévkové lžíce vody

Rozehřejte olej a orestujte česnek a zázvor do mírně zlatavé barvy. Přidejte krevety a opékejte 1 minutu. Přidejte víno nebo sherry a dobře promíchejte. Přidejte vodní kaštany a opékejte 5 minut. Přidejte zbytek ingrediencí a smažte 2 minuty.

krevetové ravioli

pro 4 osoby
450g/1lb loupané krevety, nakrájené
8 oz / 225 g míchané zeleniny, nakrájené
15 ml / 1 polévková lžíce sójové omáčky
2,5 ml / ¬Ω lžička soli
pár kapek sezamového oleje

40 wonton vzhled

Olej na smažení

Smíchejte krevety, zeleninu, sójovou omáčku, sůl a sezamový olej.

Chcete-li wontony složit, držte kůži v levé dlani a doprostřed dejte vycpávku. Okraje navlhčete vejcem a složte kůži do trojúhelníku, okraje uzavřete. Rohy navlhčete vejcem a otočte.

Rozehřejte olej a smažte wontony po několika do zlatova. Před podáváním dobře sceďte.

Kuře Abalone

pro 4 osoby

400g / 14oz konzervovaná ušeň
30 ml / 2 polévkové lžíce arašídového oleje
100g/4oz kuřecí prsa, nakrájená
100 g / 4 unce bambusových výhonků, nakrájených na plátky
250 ml / 8 fl oz / 1 šálek rybího vývaru
15 ml / 1 lžíce rýžového vína nebo suchého sherry

5 ml / 1 lžička cukru

2,5 ml / ¬Ω lžička soli

15 ml / 1 polévková lžíce kukuřičné mouky (kukuřičný škrob)

45 ml / 3 polévkové lžíce vody

Sceďte mušlovku oddělením vody a nakrájejte ji. Rozehřejte olej a opékejte kuře, dokud nezíská světlou barvu. Přidejte mušle a bambusové výhonky a opékejte 1 minutu. Přidejte tekutinu z mušlí, vodu, víno nebo sherry, cukr a sůl, přiveďte k varu a vařte 2 minuty. Kukuřičnou krupici a vodu spojte do pasty a za stálého míchání vařte, dokud omáčka nezhoustne a nezhoustne. Podávejte najednou.

Chřest Abalone

pro 4 osoby

10 sušených čínských hub

30 ml / 2 polévkové lžíce arašídového oleje

15 ml / 1 polévková lžíce vody

225 g / 8 uncí chřestu

2,5 ml / ¬Ω lžička rybí omáčky

15 ml / 1 polévková lžíce kukuřičné mouky (kukuřičný škrob)

8 oz / 225 g konzervované ušně, nakrájené na plátky

60 ml / 4 polévkové lžíce vývaru

¬Ω malá mrkev, nakrájená na plátky

5 ml / 1 lžička sójové omáčky

5 ml / 1 lžička ústřicové omáčky

5 ml / 1 lžička rýžového vína nebo suchého sherry

Houby namočte na 30 minut do teplé vody, poté slijte. Stonky vyhoďte. Zahřejte 15 ml / 1 polévkovou lžíci oleje s vodou a houby opékejte 10 minut. Mezitím uvařte chřest ve vroucí vodě s rybí omáčkou a 5ml/1 lžičkou kukuřičné mouky do měkka. Dobře sceďte a přendejte na nahřátý servírovací talíř s houbami. udržujte je v teple. Zahřejte zbývající olej a pár sekund opékejte mušle, poté přidejte zbytek vývaru, mrkev, sójovou omáčku, ústřicovou omáčku, víno nebo sherry a kukuřičný škrob. Pečte asi 5 minut, dokud nebude zcela uvařený, poté nalijte na chřest a podávejte.

Houba Abalone

pro 4 osoby

6 sušených čínských hub
400g / 14oz konzervovaná ušeň
45 ml / 3 polévkové lžíce arašídového oleje (arašídový)
2,5 ml / ¬Ω lžička soli
15 ml / 1 lžíce rýžového vína nebo suchého sherry
3 jarní cibulky (párky), nakrájené na silné plátky

Houby namočte na 30 minut do teplé vody, poté slijte. Vyhoďte stonky a odřízněte vršky. Sceďte mušlovku oddělením vody a nakrájejte ji. Rozehřejte olej a 2 minuty smažte sůl a houby. Přidejte tekutinu z mušlí a sherry, přiveďte k varu, přikryjte a vařte 3 minuty. Přidejte mušle a jarní cibulku a vařte, dokud se dobře nerozpálí. Podávejte najednou.

Abalone s ústřicovou omáčkou

pro 4 osoby

400g / 14oz konzervovaná ušeň

15 ml / 1 polévková lžíce kukuřičné mouky (kukuřičný škrob)
15 ml / 1 polévková lžíce sójové omáčky
45 ml / 3 polévkové lžíce ústřicové omáčky
30 ml / 2 polévkové lžíce arašídového oleje
50g/2oz uzená šunka, nakrájená na kostičky

Vyprázdněte plechovku s mušlí a rezervujte si 90 ml / 6 polévkových lžic tekutiny. Smíchejte to s kukuřičnou moukou, sójovou omáčkou a ústřicovou omáčkou. Rozehřejte olej a scezenou mušle opékejte 1 minutu. Přidejte směs omáčky a vařte za míchání na mírném ohni asi 1 minutu, dokud se úplně nezahřeje. Přendejte na teplý servírovací talíř a ozdobte šunkou.

dušené ústřice

pro 4 osoby

24 ústřic

Ústřice dobře protřete a poté je na několik hodin namočte do osolené vody. Opláchněte pod tekoucí vodou a vložte do mělké ohnivzdorné nádoby. Vložíme na mřížku do pařáku, přikryjeme a dusíme nad vroucí vodou asi 10 minut, dokud se všechny ústřice neotevřou. Zbytky vyhoďte. Podávejte s omáčkami.

Ústřice s fazolovými klíčky

pro 4 osoby

24 ústřic

15 ml / 1 polévková lžíce arašídového oleje

150 g/5 unce fazolových klíčků

1 zelená paprika nakrájená na proužky

2 zelené cibule (nakrájená jarní cibulka).

15 ml / 1 lžíce rýžového vína nebo suchého sherry

sůl a čerstvě mletý černý pepř

2,5 ml / ¬Ω lžička sezamového oleje

50g/2oz uzená šunka, nakrájená na kostičky

Ústřice dobře protřete a poté je na několik hodin namočte do osolené vody. Opláchněte tekoucí vodou. V hrnci přiveďte k varu vodu, přidejte ústřice a pár minut vařte, dokud se neotevřou.

Vyprázdněte a zlikvidujte všechny zbytky. Odstraňte ústřice ze skořápek.

Rozpálíme olej a 1 minutu na něm smažíme fazolové klíčky. Přidejte papriku a pažitku a opékejte 2 minuty. Přidejte víno nebo sherry a dochuťte solí a pepřem. Po zahřátí přidejte ústřice a míchejte, dokud se dobře nepromíchají a neprohřejí. Přendejte na teplý servírovací talíř a potřete sezamovým olejem a šunkou a podávejte.

Zázvorové a česnekové ústřice

pro 4 osoby

24 ústřic

15 ml / 1 polévková lžíce arašídového oleje

2 plátky kořene zázvoru, nakrájené

2 stroužky prolisovaného česneku
15 ml / 1 polévková lžíce vody
5 ml / 1 lžička sezamového oleje
sůl a čerstvě mletý černý pepř

Ústřice dobře protřete a poté je na několik hodin namočte do osolené vody. Opláchněte tekoucí vodou. Zahřejte olej a smažte zázvor a česnek po dobu 30 sekund. Přidejte ústřice, vodu a sezamový olej, přikryjte a vařte asi 5 minut, dokud se mušle neotevřou. Zbytky vyhoďte. Lehce dochutíme solí a pepřem a ihned podáváme.

dušené ústřice

pro 4 osoby

24 ústřic
60 ml / 4 polévkové lžíce arašídového oleje
4 stroužky česneku, nasekané
1 nakrájená cibule

2,5 ml / ¬Ω lžička soli

Ústřice dobře protřete a poté je na několik hodin namočte do osolené vody. Opláchněte pod tekoucí vodou a poté osušte. Rozpálíme olej a orestujeme česnek, cibuli a sůl do měkka. Přidejte ústřice, přiklopte a vařte na mírném ohni asi 5 minut, dokud se neotevřely všechny skořápky. Zbytky vyhoďte. Pokapeme olejem a zlehka smažíme ještě 1 minutu.

krabí koláčky

pro 4 osoby

225 g/8 unce fazolových klíčků
4 polévkové lžíce / 60 ml arašídového oleje 4 unce / 100 g
bambusových výhonků nakrájených na proužky
1 nakrájená cibule
8 uncí / 225 g krabího masa, kostky
4 vejce, lehce rozšlehaná

15 ml / 1 polévková lžíce kukuřičné mouky (kukuřičný škrob)
30 ml / 2 polévkové lžíce sójové omáčky
sůl a čerstvě mletý černý pepř

Po povaření fazolových klíčků ve vroucí vodě po dobu 4 minut slijte. Rozehřejte polovinu oleje a orestujte fazolové klíčky, bambusové výhonky a cibuli do měkka. Sundejte z ohně a smíchejte s ostatními ingrediencemi kromě oleje. Na čisté pánvi rozehřejte zbývající olej a smažte lžíci směsi krabího masa, abyste vytvořili malé koláče. Smažíme z obou stran dozlatova a poté podáváme najednou.

krabí pudink

pro 4 osoby
225g/8oz krabího masa
5 míchaných vajec
1 jarní cibulka (cibulka) nakrájená nadrobno
250 ml / 8 fl oz / 1 sklenice vody
5 ml / 1 lžička soli
5 ml / 1 lžička sezamového oleje

Všechny ingredience důkladně promíchejte. Vložte do misky, přikryjte a položte na vodní lázeň nad horkou vodou nebo na mřížku napařovače. Za občasného míchání vaříme v páře asi 35 minut, dokud nezíská konzistenci podobnou pudinku. Podáváme s rýží.

čínské listové krabí maso

pro 4 osoby

450 g nastrouhaných čínských listů
45 ml / 3 polévkové lžíce oleje
2 zelené cibule (nakrájená jarní cibulka).
225g/8oz krabího masa
15 ml / 1 polévková lžíce sójové omáčky
15 ml / 1 lžíce rýžového vína nebo suchého sherry
5 ml / 1 lžička soli

Čínské listy spařte 2 minuty ve vroucí vodě, poté dobře sceďte a propláchněte studenou vodou. Rozpálíme olej a orestujeme na něm jarní cibulky, dokud lehce nezezlátnou. Přidejte krabí maso a opékejte 2 minuty. Přidejte čínské listy a smažte 4 minuty. Přidejte sójovou omáčku, víno nebo sherry a sůl a dobře promíchejte. Přidejte vývar a maizenu, přiveďte k varu a za stálého míchání vařte 2 minuty, dokud omáčka nezhoustne a nezhoustne.

Foo Yung krab s fazolovými klíčky

pro 4 osoby

6 míchaných vajec
45 ml / 3 lžíce kukuřičné mouky (kukuřičný škrob)
225g/8oz krabího masa
100g/4oz fazolové klíčky
2 jarní cibulky (cibulky), nakrájené nadrobno
2,5 ml / ¬Ω lžička soli
45 ml / 3 polévkové lžíce arašídového oleje (arašídový)

Rozklepněte vejce a poté přidejte kukuřičnou mouku. Smíchejte zbývající přísady kromě oleje. Rozehřejte olej a směs po troškách nalévejte na pánev, abyste vytvořili malé placky široké asi 7,5 cm. Smažte zespodu dozlatova, poté otočte a opékejte druhou stranu.

Zázvorový krab

pro 4 osoby

15 ml / 1 polévková lžíce arašídového oleje

2 plátky kořene zázvoru, nakrájené

4 jarní cibulky (nakrájená jarní cibulka).

3 stroužky česneku, rozdrcené

1 nakrájená červená paprika

350 g / 12 oz krabí maso, kostky

2,5 ml / ¬Ω lžička rybí pasty

2,5 ml / ¬Ω lžička sezamového oleje

15 ml / 1 lžíce rýžového vína nebo suchého sherry
5 ml / 1 lžička kukuřičné mouky (kukuřičný škrob)
15 ml / 1 polévková lžíce vody

Rozehřejte olej a 2 minuty opékejte zázvor, jarní cibulku, česnek a feferonku. Přidejte krabí maso a míchejte, dokud se dobře nepokryje kořením. Přidejte rybí pastu. Zbývající ingredience smíchejte, dokud se nevytvoří pasta, poté je přendejte na pánev a 1 minutu restujte. Podávejte najednou.

Krab Lo Mein

pro 4 osoby

100g/4oz fazolové klíčky
30 ml / 2 polévkové lžíce arašídového oleje
5 ml / 1 lžička soli
1 nakrájená cibule
100 g žampionů nakrájených na plátky
8 uncí / 225 g krabího masa, kostky
100 g / 4 unce bambusových výhonků, nakrájených na plátky
pečené nudle
30 ml / 2 polévkové lžíce sójové omáčky

5 ml / 1 lžička cukru
5 ml / 1 lžička sezamového oleje
sůl a čerstvě mletý černý pepř

Po povaření fazolových klíčků ve vroucí vodě po dobu 5 minut slijte. Rozehřejte olej a orestujte sůl a cibuli do měkka. Přidejte houby a opékejte do změknutí. Přidejte krabí maso a opékejte 2 minuty. Přidejte fazolové klíčky a bambusové výhonky a restujte 1 minutu. Scezené nudle přidejte do pánve a jemně promíchejte. Smíchejte sójovou omáčku, cukr a sezamový olej a přidejte sůl a pepř. Míchejte na pánvi, dokud se zcela nezahřeje.

Dušený krab s vepřovým masem

pro 4 osoby

30 ml / 2 polévkové lžíce arašídového oleje
100g/4oz mleté vepřové maso (mleté)
350 g / 12 oz krabí maso, kostky
2 plátky kořene zázvoru, nakrájené
2 vejce, lehce rozšlehaná
15 ml / 1 polévková lžíce sójové omáčky
15 ml / 1 lžíce rýžového vína nebo suchého sherry
30 ml / 2 polévkové lžíce vody
sůl a čerstvě mletý černý pepř
4 jarní cibulky (nakrájené na proužky).

Rozpálíme olej a vepřové maso opečeme do světle hnědé barvy. Přidejte krabí maso a zázvor a opékejte 1 minutu. Přidejte vejce. Přidejte sójovou omáčku, víno nebo sherry, vodu, sůl a pepř a vařte za stálého míchání asi 4 minuty. Podáváme ozdobené pažitkou.

smažené krabí maso

pro 4 osoby

30 ml / 2 polévkové lžíce arašídového oleje
1 lb / 450 g krabího masa, na kostky
2 zelené cibule (nakrájená jarní cibulka).
2 plátky kořene zázvoru, nakrájené
30 ml / 2 polévkové lžíce sójové omáčky
30 ml / 2 lžíce rýžového vína nebo suchého sherry
2,5 ml / ¬Ω lžička soli
15 ml / 1 polévková lžíce kukuřičné mouky (kukuřičný škrob)
60 ml / 4 polévkové lžíce vody

Rozehřejte olej a krabí maso, jarní cibulku a zázvor opékejte 1 minutu. Přidáme sójovou omáčku, víno nebo sherry a sůl, přikryjeme a dusíme 3 minuty. Smíchejte kukuřičnou krupici a vodu do pasty, promíchejte v pánvi a za stálého míchání vařte, dokud omáčka nezhoustne a nezhoustne.

smažené kuličky olihně

pro 4 osoby

450 g / 1 kg sépie

50g/2oz vepřové sádlo, drcené

1 vaječný bílek

2,5 ml / ¬Ω lžička cukru

2,5 ml / ¬Ω čajová lžička kukuřičného škrobu (kukuřičný škrob)

sůl a čerstvě mletý černý pepř

Olej na smažení

Sépie nakrájíme a rozmačkáme nebo namačkáme na pastu. Vmícháme sádlo, sníh z bílků, cukr a kukuřičný škrob a osolíme a opepříme. Směs lisujte na malé kuličky. Rozehřejte olej a sépiové kuličky podle potřeby opékejte po dávkách, dokud nevyplavou na hladinu oleje a nezezlátnou. Dobře sceďte a ihned podávejte.

kantonský humr

pro 4 osoby

2 humry

30 ml / 2 polévkové lžíce oleje

15 ml / 1 polévková lžíce omáčky z černých fazolí

1 stroužek prolisovaného česneku

1 nakrájená cibule

225 g / 8 oz mleté vepřové maso (mleté)

45 ml / 3 polévkové lžíce sójové omáčky

5 ml / 1 lžička cukru

sůl a čerstvě mletý černý pepř

15 ml / 1 polévková lžíce kukuřičné mouky (kukuřičný škrob)

75 ml / 5 polévkových lžic vody

1 míchané vejce

Humry nalámejte, vyjměte maso a nakrájejte na 2,5 cm kostky. Rozehřejte olej a orestujte omáčku z černých fazolí, česnek a cibuli do světle zlaté barvy. Přidejte vepřové maso a opékejte do zlatova. Přidejte sójovou omáčku, cukr, sůl, pepř a humra, přikryjte a vařte asi 10 minut. Smíchejte kukuřičnou krupici a vodu do pasty, promíchejte v pánvi a za stálého míchání vařte, dokud omáčka nezhoustne a nezhoustne. Před podáváním vypněte oheň a přidejte vejce.

smažený humr

pro 4 osoby

450 g / 1 lb humřího masa

30 ml / 2 polévkové lžíce sójové omáčky

5 ml / 1 lžička cukru

1 míchané vejce

30 ml / 3 lžíce hladké mouky (univerzální)

Olej na smažení

Humří maso nakrájíme na 2,5 cm / 1 kostky a smícháme se sójovou omáčkou a cukrem. Nechte 15 minut odstát a poté sceďte. Rozšlehejte vejce a mouku, poté přidejte humra a dobře promíchejte, aby se obalil. Rozehřejte olej a orestujte humra do zlatova. Před podáváním nechte okapat na kuchyňském papíře.

Dušený humr se šunkou

pro 4 osoby

4 vejce, lehce rozšlehaná

60 ml / 4 polévkové lžíce vody

5 ml / 1 lžička soli

15 ml / 1 polévková lžíce sójové omáčky

450 g / 1 lb humřího masa, na kostky

15 ml / 1 lžíce nasekané uzené šunky

15 ml / 1 polévková lžíce nasekané čerstvé petrželky

Vejce rozšleháme s vodou, solí a sójovou omáčkou. Nalijeme do ohnivzdorné mísy a posypeme humřím masem. Umístěte misku na mřížku do pařáku, přikryjte a vařte v páře 20 minut, dokud vejce neztuhnou. Podáváme ozdobené šunkou a petrželkou.

humr s houbami

pro 4 osoby

450 g / 1 lb humřího masa

15 ml / 1 polévková lžíce kukuřičné mouky (kukuřičný škrob)

60 ml / 4 polévkové lžíce vody

30 ml / 2 polévkové lžíce arašídového oleje

4 jarní cibulky (párky), nakrájené na silné plátky

100 g žampionů nakrájených na plátky

2,5 ml / ¬Ω lžička soli

1 stroužek prolisovaného česneku

30 ml / 2 polévkové lžíce sójové omáčky

15 ml / 1 lžíce rýžového vína nebo suchého sherry

Humří maso nakrájíme na 2,5 cm kostky. Smíchejte kukuřičnou krupici a vodu do konzistence připomínající pastu a do směsi vhoďte kostičky humra. Zahřejte polovinu oleje a opečte humří kostky, dokud lehce nezhnědnou, vyjměte je z pánve. Rozehřejte zbylý olej a smažte jarní cibulku, dokud nezezlátne. Přidejte houby a opékejte 3 minuty. Přidejte sůl, česnek, sójovou omáčku a víno nebo sherry a povařte 2 minuty. Vraťte humra do pánve a restujte, dokud se dobře nerozehřeje.

Ocasy vepřového humra

pro 4 osoby

3 sušené čínské houby
4 humří ocasy
60 ml / 4 polévkové lžíce arašídového oleje
100g/4oz mleté vepřové maso (mleté)
50 g/2 unce vodních kaštanů, jemně nasekaných
sůl a čerstvě mletý černý pepř
2 stroužky prolisovaného česneku
45 ml / 3 polévkové lžíce sójové omáčky
30 ml / 2 lžíce rýžového vína nebo suchého sherry
30 ml / 2 polévkové lžíce omáčky z černých fazolí
10 ml / 2 polévkové lžíce kukuřičné mouky (kukuřičný škrob)
120 ml / 4 fl oz / ¬Ω šálek

Houby namočte na 30 minut do teplé vody, poté slijte. Vyhoďte stonky a nakrájejte vrcholy. Humří ocasy podélně rozpůlíme. Odstraňte maso z humřích ocasů, oddělte skořápky. Polovinu oleje rozehřejte a vepřové maso opečte do světle hnědé barvy. Sundejte ze sporáku a vmíchejte houby, humří maso, kaštany, sůl a pepř. Maso vmáčkněte zpět do skořápek humra a položte na plech. Umístěte na mřížku do pařáku, přikryjte a vařte v páře asi 20 minut, dokud nebude propečené. Mezitím rozehřejte zbývající olej a restujte česnek, sójovou omáčku, víno nebo sherry a omáčku z černých fazolí 2 minuty. Smíchejte kukuřičnou krupici a vodu, dokud nedosáhne pastovité konzistence, přidejte ji do pánve a za stálého míchání vařte, dokud omáčka nezhoustne. Humry přendejte na horký servírovací talíř, přelijte omáčkou a ihned podávejte.

dušený humr

pro 4 osoby

450 g / 1 lb humří ocas
30 ml / 2 polévkové lžíce arašídového oleje
1 stroužek prolisovaného česneku
2,5 ml / ¬Ω lžička soli
350g/12oz fazolové klíčky
50 g / 2 unce hub
4 jarní cibulky (párky), nakrájené na silné plátky
150 ml / ¬° pt / štědrá ¬Ω sklenice kuřecího vývaru
15 ml / 1 polévková lžíce kukuřičné mouky (kukuřičný škrob)

Přiveďte hrnec s vodou k varu, přidejte humří ocasy a vařte 1 minutu. Scedíme, vychladíme, oloupeme a nakrájíme na silnější plátky. Rozehřejte olej s česnekem a solí a opékejte, dokud česnek lehce nezezlátne. Přidejte humra a smažte 1 minutu. Přidejte fazolové klíčky a houby a opékejte 1 minutu. Přidejte pažitku. Přilijeme většinu vývaru, přivedeme k varu, přikryjeme a vaříme 3 minuty. Smíchejte kukuřičnou mouku se zbývajícím vývarem, vmíchejte do pánve a za stálého míchání vařte, dokud omáčka nezhoustne a nezhoustne.

humří hnízda

pro 4 osoby
30 ml / 2 polévkové lžíce arašídového oleje
5 ml / 1 lžička soli
1 cibule, nakrájená na tenké plátky
100 g žampionů nakrájených na plátky
4 oz / 100 g bambusových výhonků, nakrájených 8 oz / 225 g
vařeného humřího masa
15 ml / 1 lžíce rýžového vína nebo suchého sherry
120 ml / 4 fl oz / ¬Ω šálek kuřecího vývaru
špetka čerstvě mletého pepře
10 ml / 2 lžičky kukuřičné mouky (kukuřičný škrob)

15 ml / 1 polévková lžíce vody
4 košíky nudlí

Rozehřejte olej a orestujte sůl a cibuli do měkka. Přidejte houby a bambusové výhonky a opékejte 2 minuty. Přidejte humří maso, víno nebo sherry a vodu, přiveďte k varu, přikryjte a vařte 2 minuty. Dochutíme pepřem. Kukuřičnou krupici a vodu rozmixujte na pastu, promíchejte na pánvi a za stálého míchání vařte, dokud omáčka nezhoustne. Nudlová hnízda položte na horký servírovací talíř a navrchu orestujte humra.

Mušle v omáčce z černých fazolí

pro 4 osoby

45 ml / 3 polévkové lžíce arašídového oleje (arašídový)
2 stroužky prolisovaného česneku
2 plátky kořene zázvoru, nakrájené
30 ml / 2 polévkové lžíce omáčky z černých fazolí
15 ml / 1 polévková lžíce sójové omáčky
1,5 kg / 3 lb mušle, umyté a nakrájené
2 zelené cibule (nakrájená jarní cibulka).

Rozehřejte olej a smažte česnek a zázvor po dobu 30 sekund. Přidejte omáčku z černých fazolí a sójovou omáčku a smažte 10 sekund. Přidejte mušle, přikryjte a vařte asi 6 minut, dokud se mušle neotevřou. Zbytky vyhoďte. Přendejte na teplý servírovací talíř a podávejte s posypem pažitky.

Mušle se zázvorem

pro 4 osoby

45 ml / 3 polévkové lžíce arašídového oleje (arašídový)
2 stroužky prolisovaného česneku
4 plátky kořene zázvoru, nakrájené
1,5 kg / 3 lb mušle, umyté a nakrájené
45 ml / 3 polévkové lžíce vody
15 ml / 1 polévková lžíce ústřicové omáčky

Rozehřejte olej a smažte česnek a zázvor po dobu 30 sekund. Přidejte mušle a vodu, přikryjte a vařte asi 6 minut, dokud se mušle neotevřou. Zbytky vyhoďte. Přendejte na teplý servírovací talíř a potřete ústřicovou omáčkou a podávejte.

dušené mušle

pro 4 osoby

1,5 kg / 3 lb mušle, umyté a nakrájené
45 ml / 3 polévkové lžíce sójové omáčky
3 jarní cibulky (cibulky), nakrájené nadrobno

Mušle dejte na mřížku do pařáku, přikryjte a vařte v páře nad vroucí vodou asi 10 minut, dokud se všechny mušle neotevřou. Zbytky vyhoďte. Přendejte na teplý servírovací talíř a podávejte s posypem sójové omáčky a zelené cibulky.

smažené ústřice

pro 4 osoby

24 lasturových ústřic
sůl a čerstvě mletý černý pepř
1 míchané vejce
50 g / 2 oz / ¬Ω šálek hladké mouky (univerzální)
250 ml / 8 fl oz / 1 sklenice vody
Olej na smažení
4 jarní cibulky (nakrájená jarní cibulka).

Ochuťte ústřice solí a pepřem. Vypracujeme těsto tak, že rozšleháme vejce s moukou a vodou a použijeme na zakrytí ústřic. Rozehřejte olej a orestujte ústřice do zlatova. Necháme okapat na kuchyňském papíře a ozdobíme pažitkou a podáváme.

ústřice se slaninou

pro 4 osoby
175 g / 6 uncí slaniny
24 lasturových ústřic

1 vejce, lehce rozšlehané

15 ml / 1 polévková lžíce vody

45 ml / 3 polévkové lžíce arašídového oleje (arašídový)

2 nakrájené cibule

15 ml / 1 polévková lžíce kukuřičné mouky (kukuřičný škrob)

15 ml / 1 polévková lžíce sójové omáčky

90 ml / 6 lžic kuřecího vývaru

Slaninu nakrájíme na kousky a kouskem omotáme každou ústřici. Vejce rozšlehejte s vodou a ponořte do ústřic, aby se obalily. Rozehřejte polovinu oleje a orestujte ústřice z obou stran, dokud nezezlátnou, poté vyjměte z pánve a slijte olej. Zbylý olej rozehřejte a cibuli na něm orestujte do měkka. Smíchejte kukuřičnou krupici, sójovou omáčku a vodu na pastu, nalijte do pánve a vařte za stálého míchání, dokud omáčka nezhoustne a nezhoustne. Přelijeme ústřicemi a ihned podáváme.

Ústřice smažené na zázvoru

pro 4 osoby

24 lasturových ústřic

2 plátky kořene zázvoru, nakrájené

30 ml / 2 polévkové lžíce sójové omáčky

15 ml / 1 lžíce rýžového vína nebo suchého sherry

4 jarní cibulky (nakrájené na proužky).

100 g slaniny

1 vejce

50 g / 2 oz / ¬Ω šálek hladké mouky (univerzální)

sůl a čerstvě mletý černý pepř

Olej na smažení

1 citron nakrájený na plátky

Vložte ústřice do misky se zázvorem, sójovou omáčkou a vínem nebo sherry a promíchejte, aby se obalily. Odpočívejte 30 minut. Na každou ústřici položte několik proužků pažitky. Slaninu nakrájíme na kousky a kouskem omotáme každou ústřici. Vejce a mouku rozšlehejte do těsta a přidejte sůl a pepř. Namáčejte ústřice do těsta, dokud nebudou dobře obalené. Rozehřejte olej a orestujte ústřice do zlatova. Podávejte ozdobené plátky citronu.

Ústřice s omáčkou z černých fazolí

pro 4 osoby

350g/12oz vyloupané ústřice

120 ml / 4 fl oz / ¬Ω šálek arašídového oleje

2 stroužky prolisovaného česneku

3 jarní cibulky (cibule), nakrájené na plátky

15 ml / 1 polévková lžíce omáčky z černých fazolí

30 ml / 2 polévkové lžíce tmavé sójové omáčky
15 ml / 1 polévková lžíce sezamového oleje
špetka mletého pepře

Ústřice povařte ve vroucí vodě 30 sekund a slijte. Rozehřejte olej a opékejte česnek a jarní cibulku po dobu 30 sekund. Přidejte omáčku z černých fazolí, sójovou omáčku, sezamový olej a ústřice a dochuťte chilli. Orestujte do tepla a ihned podávejte.

Hřebenatky s bambusovými výhonky

pro 4 osoby
60 ml / 4 polévkové lžíce arašídového oleje
6 jarních cibulek (nakrájená jarní cibulka).
225 g žampionů na čtvrtky
15 ml / 1 polévková lžíce cukru
450 g / 1 libra měkkýšů
2 plátky kořene zázvoru, nakrájené
225 g/8 uncí bambusových výhonků, nakrájených na plátky

sůl a čerstvě mletý černý pepř
300 ml / ½ pt / 1 ¼° šálek
30 ml / 2 polévkové lžíce vinného octa
30 ml / 2 polévkové lžíce kukuřičné mouky (kukuřičný škrob)
150 ml / ¼° pt / velkorysá ½ sklenice vody
45 ml / 3 polévkové lžíce sójové omáčky

Rozehřejte olej a 2 minuty opékejte jarní cibulku a houby. Přidejte cukr, mušle, zázvor, bambusové výhonky, sůl a pepř, přikryjte a vařte 5 minut. Přidejte vodu a vinný ocet, přiveďte k varu, přikryjte a vařte 5 minut. Kukuřičnou krupici a vodu rozmixujte na pastu, promíchejte na pánvi a za stálého míchání vařte, dokud omáčka nezhoustne. Dochutíme sójovou omáčkou a podáváme.

Vaječné mušle

pro 4 osoby

45 ml / 3 polévkové lžíce arašídového oleje (arašídový)
350 g / 12 oz lasturové mušle
25g/1oz uzená šunka, nakrájená na kostičky
30 ml / 2 lžíce rýžového vína nebo suchého sherry
5 ml / 1 lžička cukru
2,5 ml / ½ lžička soli
špetka čerstvě mletého pepře

2 vejce, lehce rozšlehaná

15 ml / 1 polévková lžíce sójové omáčky

Zahřejte olej a 30 sekund smažte mušle. Přidejte šunku a opékejte 1 minutu. Přidejte víno nebo sherry, cukr, sůl a pepř a vařte 1 minutu. Přidejte vejce a jemně míchejte na vysoké teplotě, dokud se ingredience dobře nepokryjí vejcem. Podáváme posypané sójovou omáčkou.

Hřebenatky s brokolicí

pro 4 osoby

12 oz / 350 g mušle, nakrájené na plátky

3 plátky kořene zázvoru, nakrájené

¬Ω malá mrkev, nakrájená na plátky

1 stroužek prolisovaného česneku

45 ml / 3 lžíce hladké mouky (univerzální)

2,5 ml / ¬Ω lžičky jedlé sody (bikarbonátu sodného)

30 ml / 2 polévkové lžíce arašídového oleje

15 ml / 1 polévková lžíce vody

1 nakrájený banán
Olej na smažení
275 g / 10 uncí brokolice
sůl
5 ml / 1 lžička sezamového oleje
2,5 ml / ¬Ω lžičky horké omáčky
2,5 ml / ¬Ω lžička vinného octa
2,5 ml / ¬Ω lžička rajčatového protlaku (pasta)

Hřebenatky smícháme se zázvorem, mrkví a česnekem a necháme odležet. Z mouky, prášku do pečiva, 15 ml / 1 lžíce oleje a vody udělejte těsto, kterým obalte plátky banánu. Rozehřejte olej a opečte banán do zlatova, poté sceďte a položte na horký servírovací talíř. Mezitím uvaříme brokolici ve vroucí osolené vodě doměkka a scedíme. Zbylý olej rozehřejte se sezamovým olejem a brokolici krátce orestujte, poté na talíř rozložte banány. Do pánve přidejte pepřovou omáčku, vinný ocet a rajčatový protlak a smažte mušle, dokud nebudou uvařené. Přendejte na servírovací talíř a ihned podávejte.

Zázvorové mušle

pro 4 osoby

45 ml / 3 polévkové lžíce arašídového oleje (arašídový)

2,5 ml / ¬Ω lžička soli

3 plátky kořene zázvoru, nakrájené

2 jarní cibulky (párky), nakrájené na silné plátky

450g/1lb mušle, půlené

15 ml / 1 polévková lžíce kukuřičné mouky (kukuřičný škrob)

60 ml / 4 polévkové lžíce vody

Zahřejte olej a smažte sůl a zázvor po dobu 30 sekund. Přidejte pažitku a restujte, dokud lehce nezhnědne. Přidejte mušle a opékejte 3 minuty. Vytvořte pastu z kukuřičné mouky a vody, přidejte do pánve a za stálého míchání vařte do zhoustnutí. Podávejte najednou.

Hřebenatky se šunkou

pro 4 osoby

450g/1lb mušle, půlené
250 ml / 8 fl oz / 1 šálek rýžového vína nebo suchého sherry
1 najemno nakrájená cibule
2 plátky kořene zázvoru, nakrájené
2,5 ml / ¬Ω lžička soli
100g/4oz uzená šunka, nakrájená na kostičky

Vložte mušle do misky a přidejte víno nebo sherry. Zakryjte a marinujte 30 minut, občas otočte, poté mušle sceďte a marinádu vylijte. Hřebenatky dáme na ohnivzdornou misku s ostatními surovinami. Položte misku na mřížku do pařáku, přikryjte a vařte v páře nad vroucí vodou asi 6 minut, dokud mušle nezměknou.

Hřebenatky smíchané s bylinkami

pro 4 osoby

225g/8oz mušle

30 ml / 2 polévkové lžíce nasekaného čerstvého koriandru

4 míchaná vejce

15 ml / 1 lžíce rýžového vína nebo suchého sherry

sůl a čerstvě mletý černý pepř

15 ml / 1 polévková lžíce arašídového oleje

Vložte mušle do pařáku a vařte v páře, asi 3 minuty v závislosti na velikosti. Vyjmeme z pařáku a posypeme koriandrem. Vejce rozšleháme s vínem nebo sherry a dochutíme solí a pepřem. Přidejte mušle a koriandr. Rozehřejte olej a za stálého míchání smažte směs z mušle a vajec, dokud vejce neztuhnou. Podávejte nyní.

Dušené mušle a cibule

pro 4 osoby

45 ml / 3 polévkové lžíce arašídového oleje (arašídový)
1 nakrájená cibule
450 g / 1 lb hřebenatky, na čtvrtky
sůl a čerstvě mletý černý pepř
15 ml / 1 lžíce rýžového vína nebo suchého sherry

Rozpálíme olej a orestujeme cibuli do měkka. Přidejte mušle a smažte do světle zlatohnědé barvy. Dochuťte solí a pepřem, pokapejte vínem nebo sherry a ihned podávejte.

Hřebenatky se zeleninou

za 4'6

4 sušené čínské houby

2 cibule

30 ml / 2 polévkové lžíce arašídového oleje

3 řapíkatý celer, nakrájený příčně

8 uncí/225 g zelených fazolek, nakrájených diagonálně

10 ml / 2 lžičky nastrouhaného kořene zázvoru

1 stroužek prolisovaného česneku

20 ml / 4 lžičky kukuřičné mouky (kukuřičný škrob)

250 ml / 8 fl oz / 1 šálek kuřecího vývaru

30 ml / 2 lžíce rýžového vína nebo suchého sherry

30 ml / 2 polévkové lžíce sójové omáčky

450 g / 1 lb hřebenatky, na čtvrtky

6 jarních cibulek (plátky jarní cibulky).

425 g / 15 oz konzerva kukuřičného klasu

Houby namočte na 30 minut do teplé vody, poté slijte. Vyhoďte stonky a odřízněte vršky. Cibuli nakrájíme na plátky a oddělíme vrstvy. Rozpálíme olej a cibuli, celer, fazole, zázvor a česnek opékáme 3 minuty. Smíchejte kukuřičnou mouku s trochou vývaru, poté smíchejte se zbývajícím vývarem, vínem nebo sherry a sójovou omáčkou. Přidejte do woku a za stálého míchání přiveďte k varu. Přidejte houby, mušle, jarní cibulku a kukuřici a restujte, dokud mušle nezměknou, asi 5 minut.

Hřebenatky s pepřem

pro 4 osoby

30 ml / 2 polévkové lžíce arašídového oleje
3 jarní cibulky (nakrájená jarní cibulka).
1 stroužek prolisovaného česneku
2 plátky kořene zázvoru, nakrájené
2 červené papriky nakrájené na kostičky
450 g / 1 libra měkkýšů
30 ml / 2 lžíce rýžového vína nebo suchého sherry
15 ml / 1 polévková lžíce sójové omáčky
15 ml / 1 polévková lžíce omáčky ze žlutých fazolí
5 ml / 1 lžička cukru

5 ml / 1 lžička sezamového oleje

Rozehřejte olej a smažte cibulku, česnek a zázvor po dobu 30 sekund. Přidejte papriky a opékejte 1 minutu. Přidejte mušle a restujte 30 sekund, poté přidejte zbývající ingredience a vařte, dokud mušle nezměknou, asi 3 minuty.

Chobotnice z fazolových klíčků

pro 4 osoby

450 g chobotnice

30 ml / 2 polévkové lžíce arašídového oleje

15 ml / 1 lžíce rýžového vína nebo suchého sherry

100g/4oz fazolové klíčky

15 ml / 1 polévková lžíce sójové omáčky

sůl

1 červená paprika, nastrouhaná

2 plátky kořene zázvoru, nastrouhaný

2 zelené cibule (nastrouhaná jarní cibulka).

Odstraňte hlavu, vnitřnosti a kůži chobotnice a nakrájejte na velké kusy. Na každý kus vystřihněte diagonální vzor. V hrnci dejte vařit vodu, přidejte chobotnici a vařte na mírném ohni, dokud se kousky nezkroutí, vyjměte a přeceďte. Rozehřejte polovinu oleje a rychle opečte chobotnice. Podlijte vínem nebo sherry. Mezitím rozehřejte zbylý olej a orestujte fazolové klíčky do měkka. Dochutíme sójovou omáčkou a solí. Rozložte papriky, zázvor a jarní cibulku na servírovací talíř. Doprostřed dejte fazolové klíčky a navrch dejte olihně. Podávejte najednou.

smažená chobotnice

pro 4 osoby

50g/2oz hladké mouky (univerzální)

25 g / 1 unce / ¬° šálek kukuřičného škrobu (kukuřičný škrob)

2,5 ml / ¬Ω lžičky jedlé sody

2,5 ml / ¬Ω lžička soli

1 vejce

75 ml / 5 polévkových lžic vody

15 ml / 1 polévková lžíce arašídového oleje

450 g / 1 lb chobotnice, nakrájené na kroužky

Olej na smažení

Z mouky, kukuřičného škrobu, prášku do pečiva, soli, vejce, vody a oleje vyšleháme těsto. Ponořte chobotnice do těsta, dokud nebudou dobře potažené. Rozehřejte olej a osmahněte chobotnici dozlatova po několika kouscích. Před podáváním nechte okapat na kuchyňském papíře.

chobotnicové balíčky

pro 4 osoby

8 sušených čínských hub

450 g chobotnice

100g / 4oz uzená šunka

100 g / 4 unce tofu

1 míchané vejce

15 ml / 1 polévková lžíce hladké mouky (univerzální)

2,5 ml / ¬Ω lžička cukru

2,5 ml / ¬Ω lžička sezamového oleje

sůl a čerstvě mletý černý pepř

8 wonton skinů

Olej na smažení

Houby namočte na 30 minut do teplé vody, poté slijte. Stonky vyhoďte. Olihně oloupejte a nakrájejte na 8 kusů. Šunku a tofu nakrájíme na 8 kousků. Dejte je všechny do mísy. Vejce smícháme s moukou, cukrem, sezamovým olejem, solí a pepřem. Suroviny nalijte do mísy a jemně promíchejte. Umístěte houbovou čepici a kousek kalamáry, šunky a tofu těsně pod střed každé wontonové slupky. Přehněte spodní roh, přehněte strany dovnitř a poté srolujte a navlhčete vodou, aby se okraje uzavřely. Rozpálíme olej a hrudky smažíme asi 8 minut do zlatova. Před podáváním dobře sceďte.

smažené chobotnice

pro 4 osoby

45 ml / 3 polévkové lžíce arašídového oleje (arašídový)
225g/8oz kroužky na olihně

1 velká zelená paprika, nakrájená na kousky

100 g / 4 unce bambusových výhonků, nakrájených na plátky

2 jarní cibulky (cibulky), nakrájené nadrobno

1 plátek kořene zázvoru, jemně nasekaný

45 ml / 2 polévkové lžíce sójové omáčky

30 ml / 2 lžíce rýžového vína nebo suchého sherry

15 ml / 1 polévková lžíce kukuřičné mouky (kukuřičný škrob)

15 ml / 1 polévková lžíce rybího vývaru nebo vody

5 ml / 1 lžička cukru

5 ml / 1 lžička vinného octa

5 ml / 1 lžička sezamového oleje

sůl a čerstvě mletý černý pepř

Zahřejte 15 ml / 1 polévkovou lžíci oleje a rychle opečte chobotnice, dokud nezhnědnou. Mezitím rozehřejte zbývající olej na samostatné pánvi a smažte papriku, bambusové výhonky, jarní cibulku a zázvor po dobu 2 minut. Přidejte chobotnici a smažte 1 minutu. Přidejte sójovou omáčku, víno nebo sherry, kukuřičnou krupici, vývar, cukr, vinný ocet a sezamový olej a dochuťte solí a pepřem. Restujeme, dokud omáčka není čirá a zhoustne.

Dusená chobotnice

pro 4 osoby

45 ml / 3 polévkové lžíce arašídového oleje (arašídový)
3 jarní cibulky (párky), nakrájené na silné plátky
2 plátky kořene zázvoru, nakrájené
450 g / 1 lb chobotnice, nakrájené na kousky
15 ml / 1 polévková lžíce sójové omáčky
15 ml / 1 lžíce rýžového vína nebo suchého sherry
5 ml / 1 lžička kukuřičné mouky (kukuřičný škrob)
15 ml / 1 polévková lžíce vody

Rozehřejte olej a orestujte pažitku a zázvor do měkka. Přidejte chobotnici a smažte, dokud se nepokryje olejem. Přidejte sójovou omáčku a víno nebo sherry, přikryjte a vařte 2 minuty. Vytvořte pastu z kukuřičné mouky a vody, přidejte do pánve a vařte na mírném ohni za míchání, dokud omáčka nezhoustne a chobotnice nezměknou.

Chobotnice se sušenými houbami

pro 4 osoby

50g / 2oz sušených čínských hub
450 g chobotnicových kroužků
45 ml / 3 polévkové lžíce arašídového oleje (arašídový)

45 ml / 3 polévkové lžíce sójové omáčky

2 jarní cibulky (cibulky), nakrájené nadrobno

1 plátek kořene zázvoru, nasekaný

225g/8oz bambusové výhonky, nakrájené na proužky

30 ml / 2 polévkové lžíce kukuřičné mouky (kukuřičný škrob)

150 ml / ¬° pt / štědrý ¬Ω šálek rybího vývaru

Houby namočte na 30 minut do teplé vody, poté slijte. Vyhoďte stonky a odřízněte vršky. Chobotnici vařte několik sekund ve vroucí vodě. Rozehřejte olej, přidejte houby, sójovou omáčku, jarní cibulku a zázvor a restujte 2 minuty. Přidejte chobotnice a bambusové výhonky a opékejte 2 minuty. Smíchejte kukuřičnou krupici a vývar a vložte do pánve. Vařte na mírném ohni za míchání, dokud omáčka nezhoustne a nezhoustne.

Chobotnice se zeleninou

pro 4 osoby

45 ml / 3 polévkové lžíce arašídového oleje (arašídový)

1 nakrájená cibule

5 ml / 1 lžička soli

450 g / 1 lb chobotnice, nakrájené na kousky

100 g / 4 unce bambusových výhonků, nakrájených na plátky

2 řapíkatý celer, nakrájený příčně

60 ml / 4 polévkové lžíce kuřecího vývaru

5 ml / 1 lžička cukru

100 g / 4 unce sněhového hrášku

5 ml / 1 lžička kukuřičné mouky (kukuřičný škrob)

15 ml / 1 polévková lžíce vody

Rozpálíme olej a orestujeme cibuli a sůl do lehkého zhnědnutí. Přidejte chobotnici a smažte na oleji, dokud se neumyje. Přidejte bambusové výhonky a celer a opékejte 3 minuty. Přidejte vývar a cukr, přiveďte k varu, přikryjte a vařte 3 minuty, dokud zelenina nezměkne. Přidejte Mangetout. Kukuřičnou krupici a vodu rozmixujte na pastu, promíchejte na pánvi a za stálého míchání vařte, dokud omáčka nezhoustne.

Vařené hovězí maso s anýzem

pro 4 osoby

30 ml / 2 polévkové lžíce arašídového oleje

450g/1lb filetový steak

1 stroužek prolisovaného česneku

45 ml / 3 polévkové lžíce sójové omáčky

15 ml / 1 polévková lžíce vody

15 ml / 1 lžíce rýžového vína nebo suchého sherry

5 ml / 1 lžička soli
5 ml / 1 lžička cukru
2 hřebíčky badyánu

Rozpálíme olej a maso opečeme ze všech stran dozlatova. Přidejte zbývající ingredience, přiveďte k varu, přikryjte a vařte asi 45 minut, poté maso otočte, přidejte více vody a sójovou omáčku, pokud je maso suché. Vařte dalších 45 minut, dokud maso nezměkne. Badyán před podáváním vyhoďte.

Hovězí maso s chřestem

pro 4 osoby

450 g / 1 libra steaku z panenky, na kostky
30 ml / 2 polévkové lžíce sójové omáčky
30 ml / 2 lžíce rýžového vína nebo suchého sherry
45 ml / 3 lžíce kukuřičné mouky (kukuřičný škrob)
45 ml / 3 polévkové lžíce arašídového oleje (arašídový)
5 ml / 1 lžička soli
1 stroužek prolisovaného česneku
350 g / 12 uncí chřestových špiček
120 ml / 4 fl oz / ¬Ω šálek kuřecího vývaru
15 ml / 1 polévková lžíce sójové omáčky

Vložte steak do misky. Smíchejte sójovou omáčku, víno nebo sherry a 30ml/2 lžíce kukuřičné mouky, nalijte na steak a dobře promíchejte. Necháme 30 minut změknout. Rozehřejte olej se solí a česnekem a opékejte, dokud česnek lehce nezezlátne. Přidejte maso a marinádu a opékejte 4 minuty. Přidejte chřest a zlehka opékejte 2 minuty. Přidejte vývar a sójovou omáčku, přiveďte k varu a za stálého míchání vařte 3 minuty, dokud není maso propečené. Smíchejte ještě trochu vody nebo vývaru se zbylou kukuřičnou moukou a vmíchejte omáčku. Vařte několik minut za míchání, dokud omáčka nezhoustne a nezhoustne.

Hovězí maso Bamboo Sprout

pro 4 osoby

45 ml / 3 polévkové lžíce arašídového oleje (arašídový)
1 stroužek prolisovaného česneku
1 jarní cibulka (cibulka), nakrájená
1 plátek kořene zázvoru, nasekaný
8 oz / 225 g libového hovězího masa, nakrájeného na nudličky
100g/4oz bambusové výhonky
45 ml / 3 polévkové lžíce sójové omáčky
15 ml / 1 lžíce rýžového vína nebo suchého sherry
5 ml / 1 lžička kukuřičné mouky (kukuřičný škrob)

Rozehřejte olej a orestujte česnek, jarní cibulku a zázvor do zlatova. Přidejte maso a opékejte 4 minuty, dokud lehce nezhnědne. Přidejte bambusové výhonky a opékejte 3 minuty. Přidejte sójovou omáčku, víno nebo sherry a kukuřičný škrob a vařte 4 minuty.

Hovězí maso s bambusovými výhonky a houbami

pro 4 osoby

225g/8oz libové hovězí maso

45 ml / 3 polévkové lžíce arašídového oleje (arašídový)

1 plátek kořene zázvoru, nasekaný

100 g / 4 unce bambusových výhonků, nakrájených na plátky

100 g žampionů nakrájených na plátky

45 ml / 3 lžíce rýžového vína nebo suchého sherry

5 ml / 1 lžička cukru

10 ml / 2 lžičky sójové omáčky

sůl a pepř

120 ml / 4 fl oz / ¬Ω šálek vývaru

15 ml / 1 polévková lžíce kukuřičné mouky (kukuřičný škrob)

30 ml / 2 polévkové lžíce vody

Maso nakrájejte na tenké plátky proti srsti. Rozehřejte olej a pár sekund na něm smažte zázvor. Přidejte maso a restujte do zhnědnutí. Přidejte bambusové výhonky a houby a smažte 1 minutu. Přidejte víno nebo sherry, cukr a sójovou omáčku a dochuťte solí a pepřem. Přilijeme vývar, přivedeme k varu, přikryjeme a vaříme 3 minuty. Smíchejte kukuřičnou krupici a vodu, vložte ji do hrnce a za stálého míchání vařte, dokud omáčka nezhoustne.

Čínské dušené hovězí maso

pro 4 osoby

45 ml / 3 polévkové lžíce arašídového oleje (arašídový)
900 g / 2 lb ribeye steak
1 jarní cibulka (cibulka), nakrájená na plátky
1 stroužek mletého česneku
1 plátek kořene zázvoru, nasekaný
60 ml / 4 polévkové lžíce sójové omáčky
30 ml / 2 lžíce rýžového vína nebo suchého sherry
5 ml / 1 lžička cukru
5 ml / 1 lžička soli
špetka pepře
750 ml / 1. / 3 šálky vroucí vody

Rozpálíme olej a maso na něm rychle opečeme ze všech stran. Přidejte jarní cibulku, česnek, zázvor, sójovou omáčku, víno nebo sherry, cukr, sůl a pepř. Míchejte a vařte. Přilijte vroucí vodu, přiveďte k varu, znovu promíchejte, přikryjte a vařte asi 2 hodiny, dokud maso nezměkne.

Bean Sprouts Hovězí maso

pro 4 osoby

450 g / 1 lb libové hovězí maso, nakrájené na plátky
1 vaječný bílek
30 ml / 2 polévkové lžíce arašídového oleje
15 ml / 1 polévková lžíce kukuřičné mouky (kukuřičný škrob)
15 ml / 1 polévková lžíce sójové omáčky
100g/4oz fazolové klíčky
1 unce/25 g nakrájeného kysaného zelí
1 červená paprika, nastrouhaná
2 zelené cibule (nastrouhaná jarní cibulka).
2 plátky kořene zázvoru, nastrouhaný
sůl
5 ml / 1 lžička ústřicové omáčky
5 ml / 1 lžička sezamového oleje

Maso smícháme s bílkem, polovinou oleje, kukuřičným škrobem a sójovou omáčkou a necháme 30 minut odležet. Fazolové klíčky spařte ve vroucí vodě asi 8 minut, dokud nezměknou, a poté je slijte. Rozehřejte zbylý olej a maso opečte, dokud lehce nezhnědne, poté vyjměte z pánve. Přidejte kysané zelí, červenou papriku, zázvor, sůl, ústřicovou omáčku a sezamový olej a opékejte 2 minuty. Přidejte fazolové klíčky a opékejte 2 minuty. Vraťte maso na pánev a opékejte, dokud nebude dobře promíchané a dobře prohřáté. Podávejte najednou.

Steak z brokolice

pro 4 osoby

450 g / 1 libra panenky, nakrájené na tenké plátky
30 ml / 2 polévkové lžíce kukuřičné mouky (kukuřičný škrob)
15 ml / 1 lžíce rýžového vína nebo suchého sherry
15 ml / 1 polévková lžíce sójové omáčky
30 ml / 2 polévkové lžíce arašídového oleje
5 ml / 1 lžička soli
1 stroužek prolisovaného česneku
225 g / 8 uncí růžičky brokolice
150 ml / ¬° pt / velkorysá ¬Ω sklenice vývaru

Vložte steak do misky. 15 ml / 1 polévková lžíce kukuřičné mouky smíchané s vínem nebo sherry a sójovou omáčkou, přidáme k masu a necháme 30 minut marinovat. Rozehřejte olej se solí a česnekem a opékejte, dokud česnek lehce nezezlátne. Přidejte steak a marinádu a vařte 4 minuty. Přidejte brokolici a opékejte 3 minuty. Přilijte vývar, přiveďte k varu, přikryjte a vařte 5 minut, dokud nebude brokolice měkká, ale stále křupavá. Zbylou kukuřičnou krupici rozmícháme s trochou vody a přidáme do omáčky. Vařte na mírném ohni za míchání, dokud omáčka nezhoustne a nezhoustne.

Sezamové hovězí s brokolicí

pro 4 osoby

150g/5oz libové hovězí maso, nakrájené na tenké plátky
2,5 ml / ¬Ω lžička ústřicové omáčky
5 ml / 1 lžička kukuřičné mouky (kukuřičný škrob)
5 ml / 1 lžička bílého vinného octa
60 ml / 4 polévkové lžíce arašídového oleje
100 g / 4 unce růžičky brokolice

5 ml / 1 lžička rybí omáčky

2,5 ml / ½ lžička sójové omáčky

250 ml / 8 fl oz / 1 šálek vývaru

30 ml / 2 lžíce sezamu

Maso marinujte 1 hodinu v ústřicové omáčce, 2,5 ml / ½ lžičky kukuřičné mouky, 2,5 ml / ½ lžičky vinného octa a 15 ml / 1 polévková lžíce rostlinného oleje.

Mezitím rozehřejte 15 ml / 1 polévkovou lžíci oleje, přidejte brokolici, 2,5 ml / ½ lžičky rybí omáčky, sójovou omáčku a zbývající vinný ocet a zalijte vroucí vodou. Vařte na mírném ohni asi 10 minut do změknutí.

V samostatné pánvi rozehřejte 30 ml / 2 lžíce oleje a maso krátce orestujte do zlatova. Přidejte vývar, zbylou kukuřičnou krupici a rybí omáčku, přiveďte k varu, přikryjte a vařte, dokud maso nezměkne, asi 10 minut. Brokolici sceďte a přendejte na horký servírovací talíř. Naplňte masem a bohatě posypte sezamovými semínky.

smažené maso

pro 4 osoby

450 g / 1 libra libového steaku, nakrájeného na plátky
60 ml / 4 polévkové lžíce sójové omáčky
2 stroužky prolisovaného česneku
5 ml / 1 lžička soli
2,5 ml / ¬Ω lžičky čerstvě mletého pepře
10 ml / 2 lžičky cukru

Smíchejte všechny ingredience a nechte 3 hodiny. Grilujte nebo opékejte (opékejte) na rozpáleném grilu asi 5 minut z každé strany.

kantonské hovězí maso

pro 4 osoby

30 ml / 2 polévkové lžíce kukuřičné mouky (kukuřičný škrob)
2 ušlehané bílky
450 g / 1 libra steak, nakrájený na nudličky
Olej na smažení
4 řapíkatý celer, nakrájený na plátky
2 nakrájené cibule
60 ml / 4 polévkové lžíce vody
20 ml / 4 lžičky soli
75 ml / 5 lžic sójové omáčky
60 ml / 4 lžíce rýžového vína nebo suchého sherry
30 ml / 2 polévkové lžíce cukru
čerstvý černý pepř

Polovinu škrobu smícháme s bílky. Přidejte steak a promíchejte, aby se maso obalilo těstem. Rozpálíme olej a steak opečeme do zlatova. Vyjměte z pánve a nechte okapat na kuchyňském papíru. Zahřejte 15 ml / 1 lžíci oleje a opékejte celer a cibuli 3 minuty. Přidejte maso, vodu, sůl, sójovou omáčku, víno nebo sherry a cukr a dochuťte černým pepřem. Přiveďte k varu a za stálého míchání vařte, dokud omáčka nezhoustne.

Hovězí maso s mrkví

pro 4 osoby

30 ml / 2 polévkové lžíce arašídového oleje
450 g / 1 lb libového hovězího masa, kostky
2 zelené cibule (plátky cibule).
2 stroužky prolisovaného česneku
1 plátek kořene zázvoru, nasekaný
250 ml / 8 fl oz / 1 šálek sójové omáčky
30 ml / 2 lžíce rýžového vína nebo suchého sherry
30 ml / 2 polévkové lžíce hnědého cukru
5 ml / 1 lžička soli
600 ml / 1 bod / 2 Ω šálky
4 mrkve, nakrájené příčně

Rozpálíme olej a maso na něm opečeme do lehkého zhnědnutí. Slijte přebytečný olej a přidejte pažitku, česnek, zázvor a anýz, které byly 2 minuty restované. Přidejte sójovou omáčku, víno nebo sherry, cukr a sůl a dobře promíchejte. Přidejte vodu, přiveďte k varu, přikryjte a vařte 1 hodinu. Přidejte mrkev, přikryjte a vařte dalších 30 minut. Odstraňte poklici a vařte, dokud se omáčka nezredukuje.

Hovězí maso s kešu oříšky

pro 4 osoby

60 ml / 4 polévkové lžíce arašídového oleje

450 g / 1 libra panenky, nakrájené na tenké plátky

8 jarních cibulek nakrájených na kousky

2 stroužky prolisovaného česneku

1 plátek kořene zázvoru, nasekaný

75 g / 3 oz / ¬œ šálek pražených kešu ořechů

120 ml / 4 fl oz / ¬Ω šálek

20 ml / 4 lžičky kukuřičné mouky (kukuřičný škrob)

20 ml / 4 lžičky sójové omáčky

5 ml / 1 lžička sezamového oleje

5 ml / 1 lžička ústřicové omáčky

5 ml / 1 lžička horké omáčky

Rozehřejte polovinu oleje a maso na něm opečte, dokud lehce nezhnědne. Vyjměte z pánve. Zahřejte zbývající olej a 1 minutu smažte jarní cibulku, česnek, zázvor a kešu. Vraťte maso do pánve. Smíchejte zbývající ingredience a vmíchejte směs do pánve. Přiveďte k varu a za stálého míchání vařte, dokud směs nezhoustne.

Pomalý hrnec hovězí kastrol

pro 4 osoby

30 ml / 2 polévkové lžíce arašídového oleje
450 g / 1 lb vařeného masa, na kostky
3 plátky kořene zázvoru, nakrájené
3 nakrájené mrkve
1 tuřín nakrájený na kostičky
15 ml / 1 polévková lžíce vypeckovaných černých datlí
15 ml / 1 polévková lžíce lotosových semínek
30 ml / 2 polévkové lžíce rajčatového protlaku (pasta)
10 ml / 2 polévkové lžíce soli
900 ml / 1¬Ω bodů / 3¬œ sklenice vývaru
250 ml / 8 fl oz / 1 šálek rýžového vína nebo suchého sherry

Ve velkém ohnivzdorném hrnci nebo pánvi rozehřejte olej a opečte maso ze všech stran dohněda.

Květák hovězí maso

pro 4 osoby

225 g růžičky květáku

Olej na smažení

225 g hovězího masa nakrájeného na nudličky

50g/2oz bambusové výhonky, nakrájené na proužky

10 vodních kaštanů nakrájených na proužky

120 ml / 4 fl oz / ½ šálek kuřecího vývaru

15 ml / 1 polévková lžíce sójové omáčky

15 ml / 1 polévková lžíce ústřicové omáčky

15 ml / 1 polévková lžíce rajčatového protlaku (pasta)

15 ml / 1 polévková lžíce kukuřičné mouky (kukuřičný škrob)

2,5 ml / ½ lžička sezamového oleje

Květák povaříme 2 minuty ve vroucí vodě a scedíme. Rozpálíme olej a osmahneme květák do světle zlatohnědé barvy. Vyjměte na kuchyňský papír a sceďte. Rozehřejte olej a opékejte maso, dokud lehce nezhnědne, poté vyjměte a sceďte. Vše kromě 15 ml / 1 polévkovou lžíci nalijte do oleje a 2 minuty opékejte bambusové výhonky a vodní kaštany. Přidejte zbývající přísady, přiveďte k varu a za stálého míchání vařte, dokud omáčka nezhoustne. Maso a květák vraťte na pánev a jemně prohřejte. Podávejte najednou.

Hovězí maso s celerem

pro 4 osoby

100 g celeru, nakrájeného na proužky
45 ml / 3 polévkové lžíce arašídového oleje (arašídový)
2 zelené cibule (nakrájená jarní cibulka).
1 plátek kořene zázvoru, nasekaný
8 oz / 225 g libového hovězího masa, nakrájeného na nudličky
30 ml / 2 polévkové lžíce sójové omáčky
30 ml / 2 lžíce rýžového vína nebo suchého sherry
2,5 ml / ¬Ω lžička cukru
2,5 ml / ¬Ω lžička soli

Celer vařte ve vroucí vodě 1 minutu, poté dobře sceďte. Rozehřejte olej a opečte na něm cibulku a zázvor do světle zlaté barvy. Přidejte maso a opékejte 4 minuty. Přidejte celer a opékejte 2 minuty. Přidejte sójovou omáčku, víno nebo sherry, cukr a sůl a opékejte 3 minuty.

Smažené hovězí plátky s celerem

pro 4 osoby

30 ml / 2 polévkové lžíce arašídového oleje

450 g / 1 lb libové hovězí maso, nakrájené na plátky

3 řapíkatý celer, nastrouhaný

1 cibule, nastrouhaná

1 jarní cibulka (cibulka), nakrájená na plátky

1 plátek kořene zázvoru, nasekaný

30 ml / 2 polévkové lžíce sójové omáčky

15 ml / 1 lžíce rýžového vína nebo suchého sherry

2,5 ml / ¬Ω lžička cukru

2,5 ml / ¬Ω lžička soli

10 ml / 2 lžičky kukuřičné mouky (kukuřičný škrob)

30 ml / 2 polévkové lžíce vody

Polovinu oleje rozehřejte, dokud nebude velmi horký a maso opékejte 1 minutu do zlatova. Vyjměte z pánve. Rozehřejte zbývající olej a orestujte celer, cibuli, jarní cibulku a zázvor, dokud mírně nezměknou. Do pánve vraťte maso se sójovou omáčkou, vínem nebo sherry, cukrem a solí, přiveďte k varu a duste, aby se prohřály. V hrnci smícháme kukuřičnou krupici a vodu a vaříme, dokud omáčka nezhoustne. Podávejte najednou.

Krouhané hovězí maso s kuřecím masem a celerem

pro 4 osoby

4 sušené čínské houby

45 ml / 3 polévkové lžíce arašídového oleje (arašídový)

2 stroužky prolisovaného česneku

1 kořen zázvoru nakrájený na plátky, mletý

5 ml / 1 lžička soli

100g/4oz libové hovězí maso, nakrájené na nudličky

100g/4oz kuře, nakrájené na nudličky

2 mrkve, nakrájené na proužky

2 řapíkatý celer, nakrájený na proužky

4 jarní cibulky (nakrájené na proužky).

5 ml / 1 lžička cukru

5 ml / 1 lžička sójové omáčky

5 ml / 1 lžička rýžového vína nebo suchého sherry

45 ml / 3 polévkové lžíce vody

5 ml / 1 lžička kukuřičné mouky (kukuřičný škrob)

Houby namočte na 30 minut do teplé vody, poté slijte. Vyhoďte stonky a nakrájejte vrcholy. Rozehřejte olej a orestujte česnek, zázvor a sůl do světle zlatohnědé barvy. Přidejte maso a kuře a opékejte, dokud nezačnou hnědnout. Přidejte celer, jarní cibulku, cukr, sójovou omáčku, víno nebo sherry a vodu a přiveďte k varu. Přikryjte a vařte asi 15 minut, dokud maso nezměkne. Kukuřičnou krupici smícháme s trochou vody, přidáme do omáčky a za stálého míchání vaříme, dokud omáčka nezhoustne.

Hovězí maso s chile

pro 4 osoby

450 g / 1 libra steaku z panenky, nakrájeného na nudličky
45 ml / 3 polévkové lžíce sójové omáčky
15 ml / 1 lžíce rýžového vína nebo suchého sherry
15 ml / 1 polévková lžíce hnědého cukru
15 ml / 1 polévková lžíce jemně nasekaného kořene zázvoru
30 ml / 2 polévkové lžíce arašídového oleje
50g/2oz bambusové výhonky, nakrájené na párátka
1 cibule nakrájená na proužky
1 řapíkatý celer, nakrájený na tyčinky
2 červené papriky, zbavené semínek a nakrájené na proužky
120 ml / 4 fl oz / ¬Ω šálek kuřecího vývaru
15 ml / 1 polévková lžíce kukuřičné mouky (kukuřičný škrob)

Vložte steak do misky. Smíchejte sójovou omáčku, víno nebo sherry, cukr a zázvor a vmíchejte do steaku. Necháme 1 hodinu kvasit. Vyjměte steaky z marinády. Rozehřejte polovinu oleje a opékejte bambusové výhonky, cibuli, celer a feferonku 3 minuty a vyjměte z pánve. Rozehřejte zbývající olej a steak opékejte 3 minuty. Přidejte marinádu, přiveďte k varu a přidejte osmaženou zeleninu. Vařte na mírném ohni 2 minuty za míchání. Smíchejte vývar a kukuřičnou mouku a přidejte do pánve. Přiveďte k varu a za stálého míchání vařte, dokud omáčka nezhoustne a nezhoustne.

Hovězí maso s čínským zelím

pro 4 osoby

225g/8oz libové hovězí maso
30 ml / 2 polévkové lžíce arašídového oleje
350g/12oz bok choy, nasekaný
120 ml / 4 fl oz / ¬Ω šálek vývaru
sůl a čerstvě mletý černý pepř
10 ml / 2 lžičky kukuřičné mouky (kukuřičný škrob)
30 ml / 2 polévkové lžíce vody

Maso nakrájejte na tenké plátky proti srsti. Rozpálíme olej a maso opečeme do zlatova. Přidejte bok choy a opékejte do mírného změknutí. Přilijeme vývar, přivedeme k varu a dochutíme solí a pepřem. Přikryjte a vařte 4 minuty, dokud maso nezměkne. Smíchejte kukuřičnou krupici a vodu, vložte ji do hrnce a za stálého míchání vařte, dokud omáčka nezhoustne.

Telecí kotlety Suey

pro 4 osoby

3 řapíkatý celer, nakrájený na plátky
100g/4oz fazolové klíčky
100 g / 4 unce růžičky brokolice
60 ml / 4 polévkové lžíce arašídového oleje
3 jarní cibulky (nakrájená jarní cibulka).
2 stroužky prolisovaného česneku
1 plátek kořene zázvoru, nasekaný
8 oz / 225 g libového hovězího masa, nakrájeného na nudličky
45 ml / 3 polévkové lžíce sójové omáčky
15 ml / 1 lžíce rýžového vína nebo suchého sherry
5 ml / 1 lžička soli
2,5 ml / ¬Ω lžička cukru
čerstvý černý pepř
15 ml / 1 polévková lžíce kukuřičné mouky (kukuřičný škrob)

Celer, fazolové klíčky a brokolici povařte 2 minuty ve vroucí vodě, poté sceďte a osušte. Rozehřejte 45 ml / 3 lžíce oleje a opečte na něm cibulku, česnek a zázvor lehce dozlatova. Přidejte maso a opékejte 4 minuty. Vyjměte z pánve. Zbylý olej rozehřejte a zeleninu na něm 3 minuty opékejte. Přidejte maso, sójovou omáčku, víno nebo sherry, sůl, cukr a špetku pepře a opékejte 2 minuty. Kukuřičnou krupici smícháme s trochou vody, dáme do hrnce a na mírném ohni vaříme, dokud omáčka nezhoustne.

hovězí maso s okurkou

pro 4 osoby

450 g / 1 libra panenky, nakrájené na tenké plátky
45 ml / 3 polévkové lžíce sójové omáčky
30 ml / 2 polévkové lžíce kukuřičné mouky (kukuřičný škrob)
60 ml / 4 polévkové lžíce arašídového oleje
2 okurky, oloupané, zbavené semínek a nakrájené na plátky
60 ml / 4 polévkové lžíce kuřecího vývaru
30 ml / 2 lžíce rýžového vína nebo suchého sherry
sůl a čerstvě mletý černý pepř

Vložte steak do misky. Smíchejte sójovou omáčku a kukuřičnou mouku a přidejte ke steaku. Necháme 30 minut změknout. Zahřejte polovinu oleje a opékejte okurky po dobu 3 minut, dokud nebudou matné, poté vyjměte z pánve. Rozehřejte zbývající olej a opečte steak do zlatova. Přidejte okurky a opékejte 2 minuty. Přidejte vývar, víno nebo sherry a dochuťte solí a pepřem. Přiveďte k varu, přikryjte a na mírném ohni vařte 3 minuty.

Hovězí Chow Mein

pro 4 osoby

750 g / 1 ¬Ω lb hovězí svíčkové

2 cibule

45 ml / 3 polévkové lžíce sójové omáčky

45 ml / 3 lžíce rýžového vína nebo suchého sherry

15 ml / 1 polévková lžíce arašídového másla

5 ml / 1 lžička citronové šťávy

350g / 12oz vaječné nudle

60 ml / 4 polévkové lžíce arašídového oleje

175 ml / 6 fl oz / ¬œ šálek kuřecího vývaru

15 ml / 1 polévková lžíce kukuřičné mouky (kukuřičný škrob)

30 ml / 2 lžíce ústřicové omáčky

4 jarní cibulky (nakrájená jarní cibulka).

3 řapíkatý celer, nakrájený na plátky
100 g žampionů nakrájených na plátky
1 zelená paprika nakrájená na proužky
100g/4oz fazolové klíčky

Ořízněte a odstraňte tuk z masa. Nakrájejte na tenké plátky napříč zrnem. Cibuli nakrájíme na plátky a oddělíme vrstvy. Smíchejte 15 ml / 1 polévkovou lžíci sójové omáčky s 15 ml / 1 polévkovou lžící vína nebo sherry, arašídovým máslem a citronovou šťávou. Přidejte maso, přikryjte a nechte 1 hodinu odpočívat. Nudle vaříme ve vroucí vodě asi 5 minut nebo do měkka. Dobře přefiltrujte. Zahřejte 15 ml / 1 polévkovou lžíci oleje, přidejte 15 ml / 1 polévkovou lžíci sójové omáčky a nudle a opékejte 2 minuty do světle zlatavé barvy. Přeneste na teplý servírovací talíř.

Smíchejte zbývající sójovou omáčku a víno nebo sherry s vývarem, kukuřičnou moukou a ústřicovou omáčkou. Zahřejte 15 ml / 1 lžíci oleje a 1 minutu smažte cibuli. Přidejte celer, houby, papriku a fazolové klíčky a vařte 2 minuty. Vyndejte to z woku. Rozpálíme zbylý olej a maso opečeme do zlatova. Přidáme vývar, přivedeme k varu, přikryjeme pokličkou a dusíme 3 minuty. Vraťte zeleninu na pánev a vařte za stálého míchání na mírném ohni, dokud nebude horká, asi 4 minuty. Směsí přelijeme nudle a podáváme.

okurkový steak

pro 4 osoby

450 g / 1 kg steaku z panenky
10 ml / 2 lžičky kukuřičné mouky (kukuřičný škrob)
10 ml / 2 lžičky soli
2,5 ml / ¬Ω lžičky čerstvě mletého pepře
90 ml / 6 lžic arašídového oleje
1 najemno nakrájená cibule
1 okurka, oloupaná a nakrájená
120 ml / 4 fl oz / ¬Ω šálek vývaru

Filet nakrájejte na proužky a poté na tenké plátky proti žilkám. Dejte do mísy a přidejte kukuřičný škrob, sůl, pepř a polovinu oleje. Necháme 30 minut změknout. Rozehřejte zbývající olej a opékejte maso a cibuli, dokud lehce nezhnědnou. Přidejte okurky a vývar, přiveďte k varu, přikryjte a vařte 5 minut.

Hovězí kari v troubě

pro 4 osoby

45 ml / 3 lžíce másla
15 ml / 1 polévková lžíce kari
45 ml / 3 lžíce hladké mouky (univerzální)
375 ml / 13 fl oz / 1 Ω sklenice mléka

15 ml / 1 polévková lžíce sójové omáčky
sůl a čerstvě mletý černý pepř
450 g / 1 lb vařené telecí maso, mleté
100 g/4 unce hrášku
2 nakrájené mrkve
2 nakrájené cibule
225 g vařené dlouhozrnné rýže, horké
1 vejce natvrdo (vařené), nakrájené na plátky

Máslo rozpustíme, přidáme kari a mouku a povaříme 1 minutu. Přidejte mléko a sójovou omáčku, přiveďte k varu a za stálého míchání vařte 2 minuty. Dochuťte solí a pepřem. Přidejte maso, hrášek, mrkev a cibuli a dobře promíchejte, aby se obalilo omáčkou. Přidejte rýži, poté směs přendejte na plech a pečte v předehřáté troubě na 200 ∞C / 400 ∞F / plyn stupeň 6 po dobu 20 minut, dokud zelenina nezměkne. Podáváme ozdobené plátky vařeného vejce.

dušená šunka

6 až 8 lidí

900 g / 2 lb čerstvé šunky
30 ml / 2 polévkové lžíce hnědého cukru
60 ml / 4 lžíce rýžového vína nebo suchého sherry

Šunku položte na žáruvzdorný talíř na mřížku, přikryjte a vařte v páře nad vroucí vodou asi 1 hodinu. Do misky přidejte cukr a víno nebo sherry, přikryjte a vařte v páře ještě 1 hodinu nebo dokud se šunka nepropeče. Před řezáním nechte vychladnout v misce.

kapustová slanina

pro 4 osoby

4 plátky slaniny, kroužkované a nakrájené na kostičky
2,5 ml / ½ lžičky soli
1 plátek kořene zázvoru, nasekaný
½ zelí, nakrájené
75 ml / 5 lžic kuřecího vývaru
15 ml / 1 polévková lžíce ústřicové omáčky

Slaninu opečte dokřupava a poté ji vyjměte z pánve. Přidejte sůl a zázvor a opékejte 2 minuty. Přidejte zelí a dobře promíchejte, poté přidejte slaninu a přilijte vývar, přikryjte a vařte asi 5 minut, dokud zelí nezměkne, ale stále lehce křupe. Přidejte ústřicovou omáčku, přikryjte a před podáváním vařte 1 minutu.

mandlové kuře

Na 4 až 6 porcí

375 ml / 13 fl oz / 1½ šálku kuřecího vývaru

60 ml / 4 lžíce rýžového vína nebo suchého sherry

45 ml / 3 lžíce kukuřičné mouky (kukuřičný škrob)

15 ml / 1 polévková lžíce sójové omáčky

4 kuřecí prsa

1 vaječný bílek

2,5 ml / ½ lžičky soli

Olej na smažení

75 g / 3 unce / ½ šálku blanšírovaných mandlí

1 velká mrkev, nakrájená

5 ml / 1 lžička strouhaného kořene zázvoru

6 jarních cibulek (plátky jarní cibulky).

3 řapíkatý celer, nakrájený na plátky

100 g žampionů nakrájených na plátky

100 g / 4 unce bambusových výhonků, nakrájených na plátky

Smíchejte vývar, poloviční víno nebo sherry, 30 ml/2 lžíce kukuřičné mouky a sójovou omáčku v hrnci. Přiveďte k varu, promíchejte a poté vařte 5 minut, dokud směs nezhoustne. Sundejte z ohně a udržujte v teple.

Kuře zbavte kůže a kostí a nakrájejte na 1/2,5 cm kousky, vmíchejte zbývající víno nebo sherry a kukuřičný škrob, bílek a sůl, přidejte kuřecí kousky a dobře promíchejte. Rozehřejte olej a opékejte kuřecí kousky jeden po druhém do zlatova, asi 5 minut. Dobře přefiltrujte. Odstraňte z pánve všech kromě 30 ml/2 polévkové lžíce oleje a mandle restujte 2 minuty dozlatova. Dobře přefiltrujte. Přidejte mrkev a zázvor do pánve a opékejte 1 minutu. Přidejte zbývající zeleninu a restujte, dokud nebude zelenina měkká, ale stále křupavá, asi 3 minuty. Vraťte kuře a mandle do pánve s omáčkou a za stálého míchání smažte několik minut na středním ohni, dokud se dobře nerozpálí.

Kuře z mandlí a vodních kaštanů

pro 4 osoby

6 sušených čínských hub
4 vykostěné kuřecí kousky
100g/4oz mletých mandlí
sůl a čerstvě mletý černý pepř
60 ml / 4 polévkové lžíce arašídového oleje
100 g vodních kaštanů, nakrájených na plátky
75 ml / 5 lžic kuřecího vývaru
30 ml / 2 polévkové lžíce sójové omáčky

Houby namočte na 30 minut do teplé vody, poté slijte. Vyhoďte stonky a odřízněte vršky. Kuřecí maso nakrájíme na tenké plátky. Mandle bohatě osolte a opepřete a kuřecí plátky v mandlích obalte. Rozehřejte olej a opečte kuře, dokud lehce nezhnědne. Přidejte houby, kaštany, vývar a sójovou omáčku, přiveďte k varu, přikryjte a vařte několik minut, dokud není kuře propečené.

Kuře s mandlemi a zeleninou

pro 4 osoby

75 ml / 5 lžic arašídového oleje (arašídový)

4 plátky kořene zázvoru, nakrájené

5 ml / 1 lžička soli

100 g bok choy, nasekané

50g/2oz bambusové výhonky, nasekané

50g/2oz žampionů, nakrájených

2 řapíkatý celer, nakrájený

3 nakrájené vodní kaštany

120 ml / 4 fl oz / ½ šálku kuřecího vývaru

225g/8oz kuřecí prsa, nakrájená

15 ml / 1 lžíce rýžového vína nebo suchého sherry

50 g / 2 unce sněhového hrášku

100 g / 4 oz nakrájených mandlí, pražených

10 ml / 2 lžičky kukuřičné mouky (kukuřičný škrob)

15 ml / 1 polévková lžíce vody

Rozehřejte polovinu oleje a smažte zázvor a sůl po dobu 30 sekund. Přidejte zelí, bambusové výhonky, houby, celer a kaštany a opékejte 2 minuty. Přilijeme vývar, přivedeme k varu, přikryjeme a vaříme 2 minuty. Odstraňte zeleninu a omáčku z pánve. Zahřejte zbývající olej a kuře opékejte 1 minutu. Přidejte víno nebo sherry a vařte 1 minutu. Zeleninu vraťte do pánve s hráškem a mandlemi a vařte na mírném ohni 30 sekund. Kukuřičnou krupici a vodu spojte do pasty, přidejte omáčku a za stálého míchání vařte, dokud omáčka nezhoustne.

anýzové kuře

pro 4 osoby

75 ml / 5 lžic arašídového oleje (arašídový)
2 nakrájené cibule
1 stroužek mletého česneku
2 plátky kořene zázvoru, nakrájené
15 ml / 1 polévková lžíce hladké mouky (univerzální)
30 ml / 2 polévkové lžíce kari
450 g / 1 libra kuřecího masa, kostky
15 ml / 1 polévková lžíce cukru
30 ml / 2 polévkové lžíce sójové omáčky
450 ml / ¾ bodu / 2 šálky kuřecího vývaru
2 hřebíčky badyánu
225 g brambor nakrájených na kostičky

Polovinu oleje rozehřejte a cibuli orestujte do zlatova, poté vyjměte z pánve. Zahřejte zbývající olej a 30 sekund na něm opékejte česnek a zázvor. Přidejte mouku a kari a vařte 2 minuty. Do pánve vraťte cibuli, přidejte kuře a restujte 3 minuty. Přidáme cukr, sójovou omáčku, vývar a anýz, přivedeme k varu, přikryjeme a dusíme 15 minut. Přidejte brambory, znovu přiveďte k varu, přikryjte a vařte dalších 20 minut do měkka.

Meruňkové kuře

pro 4 osoby

4 kusy kuřete

sůl a čerstvě mletý černý pepř

špetka mletého zázvoru

60 ml / 4 polévkové lžíce arašídového oleje

8 oz / 225 g konzervovaných meruněk, půlených

300 ml / ½ bodu / 1 ¼ šálku sladkokyselé omáčky

30 ml / 2 polévkové lžíce pražených mandlí

Kuře ochutíme solí, pepřem a zázvorem. Rozehřejte olej a opečte kuře, dokud lehce nezhnědne. Zakryjte a vařte za občasného obracení, dokud nezměkne, asi 20 minut. Vypusťte olej. Přidejte meruňky a omáčku do pánve, přiveďte k varu, přikryjte a vařte asi 5 minut nebo do úplného zahřátí. Ozdobte mandlemi.

Kuře s chřestem

pro 4 osoby

45 ml / 3 polévkové lžíce arašídového oleje (arašídový)

5 ml / 1 lžička soli

1 stroužek prolisovaného česneku

1 jarní cibulka (cibulka), nakrájená
1 nakrájené kuřecí prso
30 ml / 2 polévkové lžíce omáčky z černých fazolí
12 oz/350 g chřestu nakrájeného na 1/2,5 cm kousky
120 ml / 4 fl oz / ½ šálku kuřecího vývaru
5 ml / 1 lžička cukru
15 ml / 1 polévková lžíce kukuřičné mouky (kukuřičný škrob)
45 ml / 3 polévkové lžíce vody

Rozehřejte polovinu oleje a orestujte sůl, česnek a jarní cibulku do světle zlatavé barvy. Přidejte kuřata a opékejte, dokud lehce nezhnědnou. Přidejte omáčku z černých fazolí a promíchejte, aby se kuře obalilo. Přidejte chřest, vývar a cukr, přiveďte k varu, přikryjte a vařte 5 minut, dokud kuře nezměkne. Smíchejte kukuřičnou krupici a vodu do pasty, promíchejte v pánvi a za stálého míchání vařte, dokud omáčka nezhoustne a nezhoustne.

kuře z lilku

pro 4 osoby

225g/8oz kuře, nakrájené na plátky
15 ml / 1 polévková lžíce sójové omáčky
15 ml / 1 lžíce rýžového vína nebo suchého sherry
15 ml / 1 polévková lžíce kukuřičné mouky (kukuřičný škrob)
1 lilek (oloupaný a nakrájený na proužky)

30 ml / 2 polévkové lžíce arašídového oleje
2 sušené červené papriky
2 stroužky prolisovaného česneku
75 ml / 5 lžic kuřecího vývaru

Vložte kuře do misky. Smíchejte sójovou omáčku, víno nebo sherry a kukuřičný škrob, přidejte ke kuřeti a nechte 30 minut odležet. Lilky povařte 3 minuty ve vroucí vodě a vodu důkladně slijte. Rozehřejte olej a opékejte papriky, dokud neztmavnou, poté vyjměte a vyhoďte. Přidejte česnek a kuřecí maso a opékejte do světlé barvy. Přidejte vývar a lilek, přiveďte k varu, přikryjte a za občasného míchání vařte 3 minuty.

slaninou rolované kuře

Na 4 až 6 porcí

225 g / 8 oz kuřecí maso, kostky
30 ml / 2 polévkové lžíce sójové omáčky
15 ml / 1 lžíce rýžového vína nebo suchého sherry
5 ml / 1 lžička cukru
5 ml / 1 lžička sezamového oleje
sůl a čerstvě mletý černý pepř

225g/8oz plátky slaniny
1 vejce, lehce rozšlehané
100g/4oz hladké mouky (univerzální)
Olej na smažení
4 rajčata, nakrájená na plátky

Smíchejte kuře se sójovou omáčkou, vínem nebo sherry, cukrem, sezamovým olejem, solí a pepřem. Zakryjte a marinujte 1 hodinu za občasného míchání, poté kuře vyjměte a marinádu zlikvidujte. Slaninu nakrájíme na kousky a obalíme kolem kuřecích kostek. Vejce rozšleháme s moukou na husté těsto, v případě potřeby přidáme trochu mléka. Kostky namáčíme do těsta. Rozehřejte olej a smažte kostky do zlatohnědé a dobře propečené. Podáváme ozdobené rajčaty.

Kuře z fazolových klíčků

pro 4 osoby

45 ml / 3 polévkové lžíce arašídového oleje (arašídový)
1 stroužek prolisovaného česneku
1 jarní cibulka (cibulka), nakrájená
1 plátek kořene zázvoru, nasekaný
225g/8oz kuřecí prsa, nakrájená na plátky
225 g/8 unce fazolových klíčků
45 ml / 3 polévkové lžíce sójové omáčky

15 ml / 1 lžíce rýžového vína nebo suchého sherry

5 ml / 1 lžička kukuřičné mouky (kukuřičný škrob)

Rozehřejte olej a orestujte česnek, jarní cibulku a zázvor do zlatova. Přidejte kuře a opékejte 5 minut. Přidejte fazolové klíčky a opékejte 2 minuty. Přidejte sójovou omáčku, víno nebo sherry a kukuřičnou mouku a restujte, dokud není kuře zcela uvařené, asi 3 minuty.

Kuře s omáčkou z černých fazolí

pro 4 osoby

30 ml / 2 polévkové lžíce arašídového oleje

5 ml / 1 lžička soli

30 ml / 2 polévkové lžíce omáčky z černých fazolí

2 stroužky prolisovaného česneku

450 g/1 libra kuřete, nakrájené

250 ml / 8 fl oz / 1 šálek vývaru

1 zelená paprika nakrájená na kostičky

1 nakrájená cibule

15 ml / 1 polévková lžíce sójové omáčky

čerstvý černý pepř

15 ml / 1 polévková lžíce kukuřičné mouky (kukuřičný škrob)

45 ml / 3 polévkové lžíce vody

Rozehřejte olej a smažte sůl, černé fazole a česnek po dobu 30 sekund. Přidejte kuře a opékejte do světle zlatohnědé barvy. Přilijeme vývar, přivedeme k varu, přikryjeme a dusíme 10 minut. Přidejte papriku, cibuli, sójovou omáčku a papriku, přikryjte a vařte dalších 10 minut. Kukuřičnou krupici a vodu rozmixujte dohladka, přidejte omáčku a za stálého míchání vařte, dokud omáčka nezhoustne a kuře není měkké.

brokolicové kuře

pro 4 osoby

450 g / 1 lb kuřecího masa, nakrájeného

225 g / 8 uncí kuřecích jater

45 ml / 3 lžíce hladké mouky (univerzální)

45 ml / 3 polévkové lžíce arašídového oleje (arašídový)

1 cibule nakrájená na kostičky

1 červená paprika nakrájená na kostičky

1 zelená paprika nakrájená na kostičky

225 g / 8 uncí růžičky brokolice

4 plátky ananasu, nakrájené

30 ml / 2 polévkové lžíce rajčatového protlaku (pasta)
30 ml / 2 lžíce rozinkové omáčky
30 ml / 2 polévkové lžíce medu
30 ml / 2 polévkové lžíce sójové omáčky
300 ml / ½ bodu / 1 ¼ šálku kuřecího vývaru
10 ml / 2 lžičky sezamového oleje

Kuřecí a kuřecí játra smícháme s moukou. Rozehřejte olej a játra opékejte 5 minut, poté je vyjměte z pánve. Přidejte kuře, přikryjte a za občasného míchání opékejte na středním plameni 15 minut. Přidejte zeleninu a ananas a opékejte 8 minut. Játra vraťte do pánve, přidejte zbývající ingredience a přiveďte k varu. Vařte na mírném ohni za míchání, dokud omáčka nezhoustne.

Zelí a arašídové kuře

pro 4 osoby

45 ml / 3 polévkové lžíce arašídového oleje (arašídový)
30 ml / 2 polévkové lžíce arašídů
450 g/1 libra kuřete, nakrájené
½ zelí, nakrájené
15 ml / 1 polévková lžíce omáčky z černých fazolí
2 nakrájené červené papriky

5 ml / 1 lžička soli

Rozehřejte trochu oleje a za stálého míchání na něm několik minut opékejte arašídy. Vyjměte, přeceďte a nakrájejte. Zahřejte zbývající olej a opečte kuře a zelí, dokud lehce nezhnědnou. Vyjměte z pánve. Přidejte omáčku z černých fazolí a feferonky a vařte 2 minuty. Vraťte kuře a zelí na pánev s drcenými arašídy a solí. Opékejte do horka a hned podávejte.

Kuře s kešu oříšky

pro 4 osoby

30 ml / 2 polévkové lžíce sójové omáčky

30 ml / 2 polévkové lžíce kukuřičné mouky (kukuřičný škrob)

15 ml / 1 lžíce rýžového vína nebo suchého sherry

350 g / 12 oz kuřecí maso, kostky

45 ml / 3 polévkové lžíce arašídového oleje (arašídový)

2,5 ml / ½ lžičky soli

2 stroužky prolisovaného česneku

225 g žampionů, nakrájených na plátky

100 g vodních kaštanů, nakrájených na plátky

100g/4oz bambusové výhonky

50 g / 2 unce sněhového hrášku

225 g/8 uncí/2 šálky kešu ořechů

300 ml / ½ bodu / 1 ¼ šálku kuřecího vývaru

Smíchejte sójovou omáčku, kukuřičný škrob a víno nebo sherry, nalijte na kuře, přikryjte a nechte marinovat alespoň 1 hodinu. Zahřejte 30 ml / 2 lžíce oleje se solí a česnekem a opékejte, dokud česnek lehce nezezlátne. Přidejte kuře s marinádou a opékejte 2 minuty, dokud kuře lehce nezhnědne. Přidejte houby, kaštany, bambusové výhonky a sněhový hrášek a opékejte 2 minuty. Mezitím rozehřejte zbývající olej na samostatné pánvi a kešu opečte na mírném ohni několik minut do zlatova. Přidejte je do pánve s vývarem, přiveďte k varu, přikryjte a vařte 5 minut. Pokud omáčka není dostatečně hustá, přidejte trochu kukuřičné mouky smíchané se lžící vody a míchejte, dokud omáčka nezhoustne a nebude čirá.

Kaštanové kuře

pro 4 osoby

225g/8oz kuře, nakrájené na plátky

5 ml / 1 lžička soli

15 ml / 1 polévková lžíce sójové omáčky

Olej na smažení

250 ml / 8 fl oz / 1 šálek kuřecího vývaru

200 g vodních kaštanů, nasekaných

225 g nasekaných kaštanů

225 g žampionů na čtvrtky

15 ml / 1 polévková lžíce nasekané čerstvé petrželky

Kuře potřeme solí a sójovou omáčkou a dobře vetřeme do kuřete. Rozpálíme olej a kuře opečeme do zlatova, vyjmeme a scedíme. Kuře vložíme do pánve s vývarem, přivedeme k varu a vaříme 5 minut. Přidejte vodní kaštany, kaštany a houby, přikryjte a vařte asi 20 minut, dokud vše nezměkne. Podáváme ozdobené petrželkou.

pálivé kuře

pro 4 osoby

350 g / 1 libra kuřecího masa, kostky

1 vejce, lehce rozšlehané

10 ml / 2 lžičky sójové omáčky

2,5 ml / ½ lžičky kukuřičné mouky (kukuřičný škrob)

Olej na smažení

1 zelená paprika nakrájená na kostičky

4 stroužky česneku, rozdrcené

2 červené papriky, nastrouhané

5 ml / 1 lžička čerstvě mletého pepře

5 ml / 1 lžička vinného octa

5 ml / 1 lžička vody

2,5 ml / ½ lžičky cukru

2,5 ml / ½ lžičky feferonkového oleje

2,5 ml / ½ lžičky sezamového oleje

Smíchejte kuře s vejcem, polovinou sójové omáčky a kukuřičným škrobem a nechte 30 minut odpočinout. Rozehřejte olej a kuře opečte do zlatova a dobře sceďte. Nalijte z pánve všech kromě 15 ml / 1 polévkovou lžíci, přidejte pepř, česnek a feferonky a opékejte 30 sekund. Přidejte pepř, vinný ocet, vodu a cukr a opékejte 30 sekund. Vraťte kuře na pánev a několik minut restujte, dokud nebude propečené. Podávejte s kapkou kajenského pepře a sezamovým olejem navrchu.

Chilli restované kuře

pro 4 osoby

225g/8oz kuře, nakrájené na plátky
2,5 ml / ½ lžičky sójové omáčky
2,5 ml / ½ lžičky sezamového oleje
2,5 ml / ½ lžičky rýžového vína nebo suchého sherry
5 ml / 1 lžička kukuřičné mouky (kukuřičný škrob)
sůl
45 ml / 3 polévkové lžíce arašídového oleje (arašídový)
100 g / 4 unce špenátu
4 jarní cibulky (nakrájená jarní cibulka).
2,5 ml / ½ lžičky papriky
15 ml / 1 polévková lžíce vody
1 nakrájené rajče

Smíchejte kuře se sójovou omáčkou, sezamovým olejem, vínem nebo sherry, polovinou kukuřičného škrobu a špetkou soli. Odpočívejte 30 minut. Zahřejte 15 ml / 1 polévkovou lžíci oleje a opečte kuře do světle zlatohnědé barvy. Vyndejte to z woku. Zahřejte 15 ml / 1 polévkovou lžíci oleje a opékejte špenát do měkka, poté stáhněte z woku. Rozehřejte zbývající olej a 2 minuty orestujte cibulku, papriku, vodu a zbylou kukuřičnou mouku. Přidejte kuře a rychle opečte. Špenát rozložte na horký servírovací talíř, přidejte kuře a podávejte ozdobené rajčaty.

Kuřecí kotlety Suey

pro 4 osoby

100 g čínských listů, nasekaných

100g/4oz bambusové výhonky, nakrájené na proužky

60 ml / 4 polévkové lžíce arašídového oleje

3 jarní cibulky (cibule), nakrájené na plátky

2 stroužky prolisovaného česneku

1 plátek kořene zázvoru, nasekaný

225g/8oz kuřecí prsa, nakrájená na nudličky

45 ml / 3 polévkové lžíce sójové omáčky

15 ml / 1 lžíce rýžového vína nebo suchého sherry

5 ml / 1 lžička soli

2,5 ml / ½ lžičky cukru

čerstvý černý pepř

15 ml / 1 polévková lžíce kukuřičné mouky (kukuřičný škrob)

Blanšírujte čínské listy a bambusové výhonky ve vroucí vodě po dobu 2 minut. Scedíme a osušíme. Rozpálíme 45 ml / 3 lžíce oleje a orestujeme na něm cibuli, česnek a zázvor lehce dozlatova. Přidejte kuře a opékejte 4 minuty. Vyjměte z pánve. Zbylý olej rozehřejte a zeleninu na něm 3 minuty opékejte. Přidejte kuře, sójovou omáčku, víno nebo sherry, sůl, cukr a špetku černého pepře a vařte 1 minutu. Kukuřičnou krupici rozmícháme s trochou vody, přidáme do omáčky a za stálého míchání vaříme, dokud omáčka nezřídne a nezhoustne.

kuřecí moučka

pro 4 osoby

30 ml / 2 polévkové lžíce arašídového oleje
2 stroužky prolisovaného česneku
450 g / 1 libra kuře, nakrájené na plátky
225 g/8 uncí bambusových výhonků, nakrájených na plátky
100 g celeru, nakrájeného na plátky
225 g žampionů, nakrájených na plátky
450 ml / ¾ bodu / 2 šálky kuřecího vývaru
225 g/8 unce fazolových klíčků
4 cibule, nakrájené na plátky
30 ml / 2 polévkové lžíce sójové omáčky
30 ml / 2 polévkové lžíce kukuřičné mouky (kukuřičný škrob)
225g/8oz suché čínské nudle

Rozehřejte olej s česnekem do světle zlaté barvy, poté přidejte kuře a opékejte 2 minuty do světle zlatavé barvy. Přidejte bambusové výhonky, celer a houby a opékejte 3 minuty. Přilijeme většinu vývaru, přivedeme k varu, přikryjeme a vaříme 8 minut. Přidejte fazolové klíčky a cibuli a vařte za stálého míchání 2 minuty, dokud nezůstane trochu vývaru. Smíchejte zbývající vodu se sójovou omáčkou a kukuřičným škrobem.

Vraťte na pánev a vařte za stálého míchání, dokud omáčka nezhoustne a nezhoustne.

Mezitím vařte nudle ve vroucí osolené vodě několik minut podle návodu na obalu. Dobře sceďte, promíchejte s kuřecí směsí a ihned podávejte.

Křupavé pikantní kuře

pro 4 osoby

450 g / 1 libra kuřecího masa, nakrájeného na kousky
30 ml / 2 polévkové lžíce sójové omáčky
30 ml / 2 polévkové lžíce švestkové omáčky
45 ml / 3 polévkové lžíce nálevu z manga
1 stroužek prolisovaného česneku
2,5 ml / ½ čajové lžičky mletého zázvoru
pár kapek brandy
30 ml / 2 polévkové lžíce kukuřičné mouky (kukuřičný škrob)
2 míchaná vejce
100 g / 4 unce / 1 šálek suché strouhanky
30 ml / 2 polévkové lžíce arašídového oleje
6 jarních cibulek (nakrájená jarní cibulka).
1 červená paprika nakrájená na kostičky
1 zelená paprika nakrájená na kostičky
30 ml / 2 polévkové lžíce sójové omáčky
30 ml / 2 polévkové lžíce medu
30 ml / 2 polévkové lžíce vinného octa

Vložte kuře do misky. Smíchejte omáčky, chutney, česnek, zázvor a brandy, nalijte na kuře, přikryjte a nechte 2 hodiny marinovat. Kuře sceďte a posypte kukuřičnou moukou.

Namáčejte nejprve ve vejci, poté ve strouhance. Rozpálíme olej a kuře opečeme do zlatova. Vyjměte z pánve. Přidejte zeleninu a opékejte 4 minuty a poté vyjměte. Slijte olej z pánve a poté vraťte kuře a zeleninu do pánve se zbývajícími přísadami. Před podáváním přiveďte k varu a prohřejte.

Smažené kuře s okurkou

pro 4 osoby

225g/8oz kuřecí maso
1 vaječný bílek
2,5 ml / ½ lžičky kukuřičné mouky (kukuřičný škrob)
sůl
½ okurky
30 ml / 2 polévkové lžíce arašídového oleje
100 g / 4 unce hub
50g/2oz bambusové výhonky, nakrájené na proužky
50 g šunky nakrájené na kostičky
15 ml / 1 polévková lžíce vody
2,5 ml / ½ lžičky soli
2,5 ml / ½ lžičky rýžového vína nebo suchého sherry
2,5 ml / ½ lžičky sezamového oleje

Kuřecí maso nakrájíme na plátky a nakrájíme na kousky. Smícháme bílek, kukuřičný škrob a sůl a necháme odstát. Okurku podélně rozpůlíme a nakrájíme příčně na silné plátky. Zahřejte olej a opečte kuře, dokud lehce nezhnědne, poté vyjměte z pánve. Přidejte okurku a bambusové výhonky a opékejte 1 minutu. Vraťte kuře na pánev se šunkou, vodou, solí a vínem nebo sherry.

Přiveďte k varu a vařte, dokud kuře nezměkne. Podávejte s kapkou sezamového oleje navrchu.

Pikantní kuře na kari

pro 4 osoby

120 ml / 4 fl oz / ½ šálku arašídového oleje (arašídový)

4 kusy kuřete

1 nakrájená cibule

5 ml / 1 lžička kari

5 ml / 1 lžička horké omáčky

15 ml / 1 lžíce rýžového vína nebo suchého sherry

2,5 ml / ½ lžičky soli

600 ml / 1 bod / 2½ šálku kuřecího vývaru

15 ml / 1 polévková lžíce kukuřičné mouky (kukuřičný škrob)

45 ml / 3 polévkové lžíce vody

5 ml / 1 lžička sezamového oleje

Rozpálíme olej a opečeme kuřecí kousky z obou stran dozlatova, poté vyjmeme z pánve. Přidejte cibuli, kari a horkou omáčku a opékejte 1 minutu. Přidejte víno nebo sherry a sůl, dobře promíchejte, poté vraťte kuře do pánve a znovu promíchejte. Přidejte vývar, přiveďte k varu a vařte asi 30 minut, dokud kuře nezměkne. Pokud omáčka dostatečně nezhoustla, udělejte pastu z kukuřičné mouky a vody, přidejte trochu do omáčky a za stálého míchání vařte, dokud omáčka nezhoustne. Podávejte s kapkou sezamového oleje navrchu.

čínské kuřecí kari

pro 4 osoby

45 ml / 3 polévkové lžíce kari
1 nakrájená cibule
350g/12oz kuře, nakrájené
150 ml / ¼ pt / štědrého ½ šálku kuřecího vývaru
5 ml / 1 lžička soli
10 ml / 2 lžičky kukuřičné mouky (kukuřičný škrob)
15 ml / 1 polévková lžíce vody

Zahřívejte kari a cibuli na suché pánvi po dobu 2 minut a třeste pánví, aby se cibule obalila. Přidejte kuře a míchejte, dokud se dobře nepokryje kari. Přidejte vývar a sůl, přiveďte k varu, přikryjte a vařte asi 5 minut, dokud kuře nezměkne. Kukuřičnou krupici a vodu rozmixujte na pastu, promíchejte na pánvi a za stálého míchání vařte, dokud omáčka nezhoustne.

rychlé kuřecí kari

pro 4 osoby

450 g / 1 lb kuřecí prsa, nakrájená na kostky

45 ml / 3 lžíce rýžového vína nebo suchého sherry
50 g kukuřičné mouky (kukuřičný škrob)
1 vaječný bílek
sůl
150 ml / ¼ pt / velkorysého ½ šálku arašídového oleje
(arašídový)
15 ml / 1 polévková lžíce kari
10 ml / 2 lžičky hnědého cukru
150 ml / ¼ pt / štědrého ½ šálku kuřecího vývaru

Vmícháme kuřecí kostky a sherry. Rezervujte si 10 ml / 2 lžičky kukuřičné krupice. Bílky ušlehejte se zbylou kukuřičnou moukou a špetkou soli a poté vmíchejte do kuřete, dokud nebude dobře obalené. Zahřejte olej a opečte kuře, dokud nebude propečené a dozlatova. Vyjměte z pánve a slijte vše kromě 15 ml/1 polévkovou lžíci oleje. Přidejte odloženou kukuřičnou mouku, kari a cukr a smažte 1 minutu. Přilijeme vývar, přivedeme k varu a za stálého míchání vaříme, dokud omáčka nezhoustne. Vraťte kuře na pánev, před podáváním promíchejte a prohřejte.

Kuře na bramborovém kari

pro 4 osoby
45 ml / 3 polévkové lžíce arašídového oleje (arašídový)
2,5 ml / ½ lžičky soli

1 stroužek prolisovaného česneku
750 g / 1½ lb kuře, na kostky
225 g brambor nakrájených na kostičky
4 cibule, nakrájené na plátky
15 ml / 1 polévková lžíce kari
450 ml / ¾ bodu / 2 šálky kuřecího vývaru
225 g žampionů, nakrájených na plátky

Rozehřejte olej se solí a česnekem, přidejte kuře a opékejte, dokud lehce nezhnědne. Přidejte brambory, cibuli a kari a opékejte 2 minuty. Přidejte vývar, přiveďte k varu, přikryjte a za občasného míchání vařte asi 20 minut, dokud není kuře zcela propečené. Přidejte houby, sejměte poklici a vařte dalších 10 minut, dokud se tekutina nezredukuje.

smažené kuřecí nohy
pro 4 osoby
2 velká kuřecí stehna, bez kostí
2 jarní cibulky (cibulka)
1 plátek zázvoru, drcený
120 ml / 4 fl oz / ½ šálku sójové omáčky
5 ml / 1 lžička rýžového vína nebo suchého sherry

Olej na smažení
5 ml / 1 lžička sezamového oleje
čerstvý černý pepř

Kuřecí maso rozprostřete a celé potřete. Naklepejte 1 jarní cibulku a druhou nakrájejte. Smíchejte drcenou jarní cibulku se zázvorem, sójovou omáčkou a vínem nebo sherry. Nalijte na kuře a marinujte 30 minut. Vyjměte ji a vyprázdněte. Položte na talíř na mřížku v páře a vařte v páře 20 minut.

Rozehřejte olej a kuře opékejte asi 5 minut do zlatova. Vyjměte z pánve, dobře sceďte a nakrájejte na silné plátky, které pak položte na horký servírovací talíř. Rozehřejte sezamový olej, přidejte nakrájenou cibulku a papriku, nalijte na kuře a podávejte.

Smažené kuře s kari omáčkou

pro 4 osoby
1 vejce, lehce rozšlehané
30 ml / 2 polévkové lžíce kukuřičné mouky (kukuřičný škrob)
25 g / 1 unce / ¼ šálku hladké mouky (univerzální)
2,5 ml / ½ lžičky soli
225 g / 8 oz kuřecí maso, kostky
Olej na smažení
30 ml / 2 polévkové lžíce arašídového oleje

30 ml / 2 polévkové lžíce kari
60 ml / 4 lžíce rýžového vína nebo suchého sherry

Vejce šlehejte s kukuřičným škrobem, moukou a solí, dokud nezískáte husté těsto. Nalijte na kuře a dobře promíchejte, aby se obalilo. Rozehřejte olej a opečte kuře dozlatova a dobře propečené. Mezitím rozehřejte olej a 1 minutu na něm smažte kari. Přidejte víno nebo sherry a přiveďte k varu. Kuře dáme na plotýnku a přelijeme kari omáčkou.

opilé kuře

pro 4 osoby
450 g / 1 libra kuřecího řízku, nakrájeného na kousky
60 ml / 4 polévkové lžíce sójové omáčky
30 ml / 2 lžíce rozinkové omáčky
30 ml / 2 polévkové lžíce švestkové omáčky
30 ml / 2 polévkové lžíce vinného octa
2 stroužky prolisovaného česneku
špetka soli

pár kapek pepřového oleje

2 bílky

60 ml / 4 polévkové lžíce kukuřičné mouky (kukuřičný škrob)

Olej na smažení

200 ml / ½ bodu / 1¼ šálku rýžového vína nebo suchého sherry

Vložte kuře do misky. Smíchejte omáčky a vinný ocet, česnek, sůl a chilli olej, nalijte na kuře a nechte 4 hodiny marinovat v lednici. Z bílků ušlehejte tuhý sníh a přidejte kukuřičný škrob. Kuře vyjmeme z marinády a potřeme bílkovou směsí. Zahřejte olej a smažte kuře, dokud nebude dobře propečené a dozlatova. Nechte dobře okapat na kuchyňském papíře a dejte do mísy. Zalijte vínem nebo sherry, přikryjte a nechte 12 hodin marinovat v lednici. Kuře vyjmeme z vína a podáváme studené.

Vejce solené kuře

pro 4 osoby

30 ml / 2 polévkové lžíce arašídového oleje

4 kusy kuřete

2 zelené cibule (nakrájená jarní cibulka).

1 stroužek prolisovaného česneku

1 plátek kořene zázvoru, nasekaný

175 ml / 6 fl oz / ¾ šálku sójové omáčky

30 ml / 2 lžíce rýžového vína nebo suchého sherry

30 ml / 2 polévkové lžíce hnědého cukru

5 ml / 1 lžička soli

375 ml / 13 fl oz / 1½ sklenice vody

4 vejce natvrdo (vařená).

15 ml / 1 polévková lžíce kukuřičné mouky (kukuřičný škrob)

Rozpálíme olej a opečeme kuřecí kousky do zlatova. Přidejte pažitku, česnek a zázvor a opékejte 2 minuty. Přidejte sójovou omáčku, víno nebo sherry, cukr a sůl a dobře promíchejte. Přidejte vodu a přiveďte k varu, přikryjte a vařte 20 minut. Přidejte natvrdo uvařená vejce, přikryjte a vařte dalších 15 minut. Kukuřičnou krupici rozmícháme s trochou vody, přidáme do omáčky a za stálého míchání vaříme, dokud omáčka nezřídne a nezhoustne.

kuřecí rolky

pro 4 osoby

4 sušené čínské houby

100g/4oz kuře, nakrájené na nudličky

5 ml / 1 lžička kukuřičné mouky (kukuřičný škrob)

15 ml / 1 polévková lžíce sójové omáčky

2,5 ml / ½ lžičky soli

2,5 ml / ½ lžičky cukru

60 ml / 4 polévkové lžíce arašídového oleje

225 g/8 unce fazolových klíčků

3 jarní cibulky (nakrájená jarní cibulka).

100 g / 4 unce špenátu

12 slupek z vajíček

1 míchané vejce

Olej na smažení

Houby namočte na 30 minut do teplé vody, poté slijte. Vyhoďte stonky a nakrájejte vrcholy. Vložte kuře do misky. Kukuřičnou krupici smícháme s 5 ml / 1 lžičkou sójové omáčky, solí a cukrem a přidáme ke kuřeti. Počkejte 15 minut. Rozehřejte polovinu oleje a opečte kuře, dokud lehce nezhnědne. Po povaření fazolových klíčků ve vroucí vodě po dobu 3 minut slijte. Rozehřejte zbylý olej a smažte jarní cibulku, dokud nezezlátne. Přidejte houby, fazolové klíčky, špenát a zbývající sójovou omáčku. Přidejte kuřata a 2 minuty restujte. Necháme vychladnout. Doprostřed každé slupky dáme trochu náplně a okraje potřeme rozšlehaným vejcem. Zahněte okraje a poté zabalte válečky a okraje zalepte vejcem. Rozehřejte olej a smažte rolky do křupava a dozlatova.

Smažené kuře s vejcem

pro 4 osoby

30 ml / 2 polévkové lžíce arašídového oleje

4 kuřecí prsní řízky, nakrájené na nudličky

1 červená paprika nakrájená na proužky

1 zelená paprika nakrájená na proužky

45 ml / 3 polévkové lžíce sójové omáčky

45 ml / 3 lžíce rýžového vína nebo suchého sherry

250 ml / 8 fl oz / 1 šálek kuřecího vývaru

100g/4oz ledový salát, nakrájený

5 ml / 1 lžička hnědého cukru

30 ml / 2 lžíce rozinkové omáčky

sůl a pepř

15 ml / 1 polévková lžíce kukuřičné mouky (kukuřičný škrob)

30 ml / 2 polévkové lžíce vody

4 vejce

30 ml / 2 polévkové lžíce sherry

Rozehřejte olej a opečte kuře a papriku do zlatova. Přidáme sójovou omáčku, víno nebo sherry a vývar, přivedeme k varu, přikryjeme a dusíme 30 minut. Přidejte hlávkový salát, cukr a rozinkovou omáčku a dochuťte solí a pepřem. Smíchejte kukuřičnou krupici a vodu, smíchejte s omáčkou a za stálého míchání přiveďte k varu. Vejce rozšlehejte se sherry a smažte jako tenké tortilly. Osolíme, opepříme a nakrájíme na nudličky. Položte na horký servírovací talíř a nalijte na kuře.

kuře na dálném východě

pro 4 osoby

60 ml / 4 polévkové lžíce arašídového oleje

450 g / 1 libra kuřecího masa, nakrájeného na kousky

2 stroužky prolisovaného česneku

2,5 ml / ½ lžičky soli

2 nakrájené cibule

2 kusy kořenového zázvoru, mletého

45 ml / 3 polévkové lžíce sójové omáčky

30 ml / 2 lžíce rozinkové omáčky

45 ml / 3 lžíce rýžového vína nebo suchého sherry

300 ml / ½ bodu / 1¼ šálku kuřecího vývaru

5 ml / 1 lžička čerstvě mletého pepře

6 natvrdo vařených vajec, nakrájených

15 ml / 1 polévková lžíce kukuřičné mouky (kukuřičný škrob)

15 ml / 1 polévková lžíce vody

Rozpálíme olej a kuře opečeme do zlatova. Přidejte česnek, sůl, cibuli a zázvor a opékejte 2 minuty. Přidejte sójovou omáčku, omáčku hoisin, víno nebo sherry, vývar a chilli. Přiveďte k varu, přikryjte a vařte na mírném ohni 30 minut. Přidejte vejce. Smíchejte kukuřičnou krupici a vodu a přidejte do omáčky. Přiveďte k varu a za stálého míchání vařte, dokud omáčka nezhoustne.

Kuře Foo Yung

pro 4 osoby

6 míchaných vajec

45 ml / 3 lžíce kukuřičné mouky (kukuřičný škrob)

100 g / 4 oz žampionů, hrubě nasekaných

225g/8oz kuřecí prsa, nakrájená

1 najemno nakrájená cibule

5 ml / 1 lžička soli

45 ml / 3 polévkové lžíce arašídového oleje (arašídový)

Rozklepněte vejce a poté přidejte kukuřičnou mouku. Přidejte všechny zbývající ingredience kromě oleje. Zahřejte olej. Směs nalévejte po troškách do pánve, abyste vytvořili malé placky o šířce asi 7,5 cm. Vařte, dokud dno nezezlátne, poté otočte a pečte z druhé strany.

Šunka a kuře Foo Yung

pro 4 osoby

6 míchaných vajec
45 ml / 3 lžíce kukuřičné mouky (kukuřičný škrob)
100 g šunky nakrájené na kostičky
225g/8oz kuřecí prsa, nakrájená
3 jarní cibulky (cibulky), nakrájené nadrobno
5 ml / 1 lžička soli
45 ml / 3 polévkové lžíce arašídového oleje (arašídový)

Rozklepněte vejce a poté přidejte kukuřičnou mouku. Přidejte všechny zbývající ingredience kromě oleje. Zahřejte olej. Směs nalévejte po troškách do pánve, abyste vytvořili malé placky o šířce asi 7,5 cm. Vařte, dokud dno nezezlátne, poté otočte a pečte z druhé strany.

Kuře smažené na zázvoru

pro 4 osoby

1 kuře, nakrájené na polovinu

4 plátky kořene zázvoru, drcené

30 ml / 2 lžíce rýžového vína nebo suchého sherry

30 ml / 2 polévkové lžíce sójové omáčky

5 ml / 1 lžička cukru

Olej na smažení

Vložte kuře do mělké misky. Smíchejte zázvor, víno nebo sherry, sójovou omáčku a cukr, nalijte na kuře a vetřete do kůže. Necháme 1 hodinu kvasit. Rozehřejte olej a opečte kuře do polosvětlé barvy. Vyjměte z oleje a nechte mírně vychladnout, zatímco olej zahříváte. Vraťte kuře na pánev a smažte do zlatohněda a propečené. Před podáváním dobře sceďte.

zázvorové kuře

pro 4 osoby

225g/8oz kuře, nakrájené na tenké plátky

1 vaječný bílek

špetka soli

2,5 ml / ½ lžičky kukuřičné mouky (kukuřičný škrob)

15 ml / 1 polévková lžíce arašídového oleje

10 plátků kořene zázvoru

6 hub rozpůlených

1 nakrájená mrkev

2 zelené cibule (plátky cibule).

5 ml / 1 lžička rýžového vína nebo suchého sherry

5 ml / 1 lžička vody

2,5 ml / ½ lžičky sezamového oleje

Smíchejte kuře s bílky, solí a kukuřičným škrobem. Rozehřejte polovinu oleje a opečte kuře, dokud lehce nezhnědne a vyjměte z pánve. Rozehřejte zbývající olej a opékejte zázvor, houby, mrkev a jarní cibulku 3 minuty. Vraťte kuře na pánev s vínem nebo sherry a vodou a vařte, dokud kuře nezměkne. Podávejte s kapkou sezamového oleje navrchu.

Zázvorové kuře s houbami a kaštany

pro 4 osoby

60 ml / 4 polévkové lžíce arašídového oleje

225 g cibule, nakrájená na plátky

450 g / 1 lb kuřecího masa, nakrájeného

100 g žampionů nakrájených na plátky

30 ml / 2 lžíce hladké mouky (univerzální)

60 ml / 4 polévkové lžíce sójové omáčky

10 ml / 2 lžičky cukru

sůl a čerstvě mletý černý pepř

900 ml / 1½ bodu / 3¾ šálků horké vody

2 plátky kořene zázvoru, nakrájené

450 g vodního kaštanu

Polovinu oleje rozehřejte a cibuli opékejte 3 minuty a poté vyjměte z pánve. Rozehřejte zbylý olej a opečte kuře, dokud lehce nezhnědne.

Přidejte houby a vařte 2 minuty. Směs zaprášíme moukou a poté přidáme sójovou omáčku, cukr, sůl a pepř. Zalijeme vodou a zázvorem, cibulí a kaštany. Přiveďte k varu, přikryjte a vařte na mírném ohni 20 minut. Sejmeme poklici a dále dusíme, dokud se omáčka nezredukuje.

zlaté kuře

pro 4 osoby

8 malých kousků kuřete
300 ml / ½ bodu / 1 ¼ šálku kuřecího vývaru
45 ml / 3 polévkové lžíce sójové omáčky
15 ml / 1 lžíce rýžového vína nebo suchého sherry
5 ml / 1 lžička cukru
1 kořen zázvoru nakrájený na plátky, mletý

Všechny ingredience dejte do velké pánve, přiveďte k varu, přikryjte a vařte asi 30 minut, dokud není kuře zcela propečené. Sejmeme poklici a dále dusíme, dokud se omáčka nezredukuje.

Marinované zlaté kuřecí guláš

pro 4 osoby

4 kusy kuřete

300 ml / ½ bodu / 1 ¼ šálku sójové omáčky

Olej na smažení

4 jarní cibulky (párky), nakrájené na silné plátky

1 plátek kořene zázvoru, nasekaný

2 červené papriky, nakrájené na plátky

3 hřebíček badyánu

50 g/2 unce bambusových výhonků, nakrájených na plátky

150 ml / 1½ bodu / štědrého ½ šálku kuřecího vývaru

30 ml / 2 polévkové lžíce kukuřičné mouky (kukuřičný škrob)

60 ml / 4 polévkové lžíce vody

5 ml / 1 lžička sezamového oleje

Kuřecí maso nakrájíme na velké kusy a marinujeme v sójové omáčce po dobu 10 minut. Vyjměte a přeceďte, rezervujte sójovou omáčku. Rozehřejte olej a kuře opékejte asi 2 minuty, dokud lehce nezhnědne. Vyjměte ji a vyprázdněte. Nalijte vše kromě 30 ml/2 polévkové lžíce, poté přidejte jarní cibulku, zázvor, chilli papričku a badyán a opékejte 1 minutu. Vraťte kuře na pánev s bambusovými výhonky a rezervovanou sójovou omáčkou a přidejte tolik vývaru, aby bylo kuře zakryté. Přiveďte k varu a vařte asi 10 minut, dokud kuře nezměkne. Vyjměte kuře z omáčky děrovanou lžící a položte na horký servírovací talíř.

Omáčku sceďte a poté ji vraťte do pánve. Smíchejte kukuřičnou krupici a vodu, dokud nedosáhne pastovité konzistence,

zlaté mince

pro 4 osoby

4 kuřecí prsní řízky
30 ml / 2 polévkové lžíce medu
30 ml / 2 polévkové lžíce vinného octa

30 ml / 2 polévkové lžíce rajčatové omáčky (kečup)

30 ml / 2 polévkové lžíce sójové omáčky

špetka soli

2 stroužky prolisovaného česneku

5 ml / 1 čajová lžička prášku z pěti koření

45 ml / 3 lžíce hladké mouky (univerzální)

2 míchaná vejce

5 ml / 1 lžička nastrouhaného kořene zázvoru

5 ml / 1 lžička strouhané citronové kůry

100 g / 4 unce / 1 šálek suché strouhanky

Olej na smažení

Vložte kuře do misky. Smíchejte med, vinný ocet, rajčatovou omáčku, sójovou omáčku, sůl, česnek a prášek z pěti koření. Nalijte na kuře, dobře promíchejte, přikryjte a nechte 12 hodin marinovat v lednici.

Kuře vyjmeme z marinády a nakrájíme na silné nudličky. Přisypte mouku. Vyšlehejte vejce, zázvor a citronovou kůru. Kuře potřete směsí a poté strouhankou, dokud nebude rovnoměrně obalené. Rozpálíme olej a kuře opečeme do zlatova.

Kuře v páře se šunkou

pro 4 osoby

4 porce kuřete
100g/4oz uzená šunka, nakrájená na kostičky
3 jarní cibulky (nakrájená jarní cibulka).
15 ml / 1 polévková lžíce arašídového oleje
sůl a čerstvě mletý černý pepř
15 ml / 1 polévková lžíce plocholisté petrželky

Kuřecí části nakrájejte na 5 cm / 1 ks a vložte do ohnivzdorné mísy se šunkou a pažitkou. Zakápněte olejem a dochuťte solí a pepřem, poté přísady jemně promíchejte. Umístěte misku na mřížku do pařáku, přikryjte a vařte v páře nad vroucí vodou asi 40 minut, dokud kuře nezměkne. Podáváme ozdobené petrželkou.

Kuře s Hoisin omáčkou

pro 4 osoby

4 kusy kuřecího masa, nakrájené na polovinu
50 g / 2 unce / ½ šálku kukuřičné mouky (kukuřičný škrob)
Olej na smažení
10 ml / 2 lžičky nastrouhaného kořene zázvoru
2 nakrájené cibule
225 g / 8 uncí růžičky brokolice
1 nakrájená červená paprika
225 g / 8 uncí hub
250 ml / 8 fl oz / 1 šálek kuřecího vývaru
45 ml / 3 lžíce rýžového vína nebo suchého sherry
45 ml / 3 polévkové lžíce jablečného octa
45 ml / 3 lžíce rozinkové omáčky
20 ml / 4 lžičky sójové omáčky

Kuřecí kousky obalte polovinou kukuřičné mouky. Rozehřejte olej a opékejte kousky kuřete jeden po druhém asi 8 minut do zlatohněda a plně propečené. Vyjměte z pánve a nechte okapat na kuchyňském papíru. Odstraňte z pánve všech kromě 30 ml/2 polévkové lžíce oleje a 1 minutu restujte zázvor. Přidejte cibuli a smažte 1 minutu. Přidejte brokolici, papriku a houby a opékejte 2 minuty. Smíchejte vývar s vyhrazenou kukuřičnou moukou a zbývajícími přísadami a přidejte na pánev. Přiveďte k varu, promíchejte a vařte, dokud není omáčka čirá. Vraťte kuře do woku a vařte za stálého míchání, dokud se úplně nezahřeje, asi 3 minuty.

medové kuře

pro 4 osoby

30 ml / 2 polévkové lžíce arašídového oleje
4 kusy kuřete
30 ml / 2 polévkové lžíce sójové omáčky
120 ml / 4 fl oz / ½ šálku rýžového vína nebo suchého sherry
30 ml / 2 polévkové lžíce medu
5 ml / 1 lžička soli
1 jarní cibulka (cibulka), nakrájená
1 plátek kořene zázvoru, jemně nasekaný

Rozpálíme olej a kuře opečeme ze všech stran dozlatova. Vypusťte přebytečný olej. Smíchejte zbývající ingredience a nalijte na pánev. Přiveďte k varu, přikryjte a vařte asi 40 minut, dokud není kuře zcela propečené.

Kuře Kung Pao

pro 4 osoby

450 g / 1 libra kuřecího masa, kostky
1 vaječný bílek
5 ml / 1 lžička soli
30 ml / 2 polévkové lžíce kukuřičné mouky (kukuřičný škrob)
60 ml / 4 polévkové lžíce arašídového oleje
1 unce/25 g sušené papriky, nakrájené
5 ml / 1 lžička mletého česneku
15 ml / 1 polévková lžíce sójové omáčky
15 ml / 1 polévková lžíce rýžového vína nebo suchého sherry 5 ml / 1 polévková lžíce cukru
5 ml / 1 lžička vinného octa
5 ml / 1 lžička sezamového oleje
30 ml / 2 polévkové lžíce vody

Kuře dejte do mísy s bílky, solí a polovinou kukuřičného škrobu a nechte 30 minut marinovat. Rozehřejte olej a opečte kuře do lehkého zhnědnutí a vyjměte z pánve. Rozehřejte olej a 2 minuty opékejte papriku a česnek. Vraťte kuře na pánev se sójovou omáčkou, vínem nebo sherry, cukrem, vinným octem a sezamovým olejem a 2 minuty restujte. Zbylou kukuřičnou krupici smícháme s vodou, dáme do hrnce a za stálého míchání vaříme, dokud omáčka nezhoustne a nezhoustne.

pórkové kuře

pro 4 osoby

30 ml / 2 polévkové lžíce arašídového oleje
5 ml / 1 lžička soli
225g/8oz pórek, nakrájený na plátky
1 plátek kořene zázvoru, nasekaný
225g/8oz kuře, nakrájené na tenké plátky
15 ml / 1 lžíce rýžového vína nebo suchého sherry
15 ml / 1 polévková lžíce sójové omáčky

Rozehřejte polovinu oleje a orestujte sůl a pórek, dokud lehce nezrůžoví a poté vyjměte z pánve. Rozehřejte zbylý olej a orestujte zázvor a kuře do světle zlatavé barvy. Přidejte víno nebo sherry a sójovou omáčku a opékejte další 2 minuty, dokud není kuře propečené. Vraťte pórek do pánve a míchejte, dokud se dobře nerozehřeje. Podávejte najednou.

citronové kuře

pro 4 osoby

4 vykostěná kuřecí prsa

2 vejce

50 g / 2 unce / ½ šálku kukuřičné mouky (kukuřičný škrob)

50 g / 2 unce / ½ šálku hladké mouky (univerzální)

150 ml / ¼ pt / velké množství ½ sklenice vody

arašídový olej na smažení

250 ml / 8 fl oz / 1 šálek kuřecího vývaru

60 ml / 5 lžic citronové šťávy

30 ml / 2 lžíce rýžového vína nebo suchého sherry

30 ml / 2 polévkové lžíce kukuřičné mouky (kukuřičný škrob)

30 ml / 2 polévkové lžíce rajčatového protlaku (pasta)

1 salát

Každé kuřecí prso nakrájíme na 4 části. Vejce, kukuřičný škrob a univerzální mouku rozšleháme, přidáme tolik vody, aby vzniklo husté těsto. Kuřecí kousky vložte do těsta a míchejte, dokud se dobře nepokryjí. Rozehřejte olej a opečte kuře dozlatova a dobře propečené.

Mezitím smíchejte vývar, citronovou šťávu, víno nebo sherry, kukuřičný škrob a rajčatový protlak a za mírného míchání zahřejte až do varu. Vařte na mírném ohni za stálého míchání, dokud omáčka nezhoustne a není čirá. Kuře rozložte na listech salátu na horký servírovací talíř a přelijte omáčkou nebo podávejte samostatně.

Pečené kuře s citronem

pro 4 osoby

450 g / 1 libra vykostěné kuře, nakrájené na plátky
30 ml / 2 polévkové lžíce citronové šťávy
15 ml / 1 polévková lžíce sójové omáčky
15 ml / 1 lžíce rýžového vína nebo suchého sherry
30 ml / 2 polévkové lžíce kukuřičné mouky (kukuřičný škrob)
30 ml / 2 polévkové lžíce arašídového oleje
2,5 ml / ½ lžičky soli
2 stroužky prolisovaného česneku
50 g/2 unce vodních kaštanů nakrájených na proužky
50g/2oz bambusové výhonky, nakrájené na proužky
několik čínských listů nakrájených na proužky
60 ml / 4 polévkové lžíce kuřecího vývaru
15 ml / 1 polévková lžíce rajčatového protlaku (pasta)
15 ml / 1 polévková lžíce cukru
15 ml / 1 polévková lžíce citronové šťávy

Vložte kuře do misky. Smíchejte citronovou šťávu, sójovou omáčku, víno nebo sherry a 15 ml / 1 polévkovou lžíci kukuřičné mouky, nalijte na kuře a za občasného obracení nechte 1 hodinu marinovat.

Zahřejte olej, sůl a česnek, dokud česnek lehce nezhnědne, poté přidejte kuře s marinádou a opékejte, dokud kuře lehce nezhnědne, asi 5 minut. Přidejte vodní kaštany, bambusové výhonky a čínské listy a vařte další 3 minuty, nebo dokud není kuře propečené. Přidejte zbývající ingredience a restujte asi 3 minuty, dokud se omáčka nevyjasní a nezhoustne.

Kuřecí játra z bambusových výhonků

pro 4 osoby

225 g kuřecích jater, nakrájených na silné plátky
45 ml / 3 lžíce rýžového vína nebo suchého sherry
45 ml / 3 polévkové lžíce arašídového oleje (arašídový)
15 ml / 1 polévková lžíce sójové omáčky
100 g / 4 unce bambusových výhonků, nakrájených na plátky
100 g vodních kaštanů, nakrájených na plátky
60 ml / 4 polévkové lžíce kuřecího vývaru
sůl a čerstvě mletý černý pepř

Kuřecí játra smícháme s vínem nebo sherry a necháme 30 minut odpočinout. Zahřejte olej a opečte kuřecí játra, dokud lehce nezhnědnou. Přidejte marinádu, sójovou omáčku, bambusové výhonky, kaštany a vývar. Přiveďte k varu a přidejte sůl a pepř. Přikryjte a vařte asi 10 minut do změknutí.

smažená kuřecí játra

pro 4 osoby

450 g / 1 lb kuřecí játra, půlená
50 g / 2 unce / ½ šálku kukuřičné mouky (kukuřičný škrob)
Olej na smažení

Kuřecí játra osušíme, posypeme kukuřičnou moukou a setřeseme přebytek. Zahřejte olej a kuřecí játra na něm několik minut opékejte dozlatova a dobře propečené. Před podáváním nechte okapat na kuchyňském papíře.

Kuřecí játra s mangetoutem

pro 4 osoby

225 g kuřecích jater, nakrájených na silné plátky
10 ml / 2 lžičky kukuřičné mouky (kukuřičný škrob)
10 ml / 2 lžičky rýžového vína nebo suchého sherry
15 ml / 1 polévková lžíce sójové omáčky
45 ml / 3 polévkové lžíce arašídového oleje (arašídový)
2,5 ml / ½ lžičky soli
2 plátky kořene zázvoru, nakrájené
100 g / 4 unce sněhového hrášku
10 ml / 2 lžičky kukuřičné mouky (kukuřičný škrob)
60 ml / 4 polévkové lžíce vody

Kuřecí játra vezměte do misky. Přidejte kukuřičnou mouku, víno nebo sherry a sójovou omáčku a dobře promíchejte, aby se obalila. Rozehřejte polovinu oleje a orestujte sůl a zázvor do světle zlaté barvy. Přidejte sněhový hrášek a smažte na oleji, dokud nebude dobře obalený, poté vyjměte z pánve. Zahřejte zbývající olej a opékejte 5 minut, dokud nejsou kuřecí játra dobře propečená. Smíchejte kukuřičnou krupici a vodu do pasty, promíchejte v pánvi a za stálého míchání vařte, dokud omáčka nezhoustne a nezhoustne. Mangetout vraťte do pánve a vařte, dokud se úplně nezahřeje.

Kuřecí játra s nudlovými placičkami

pro 4 osoby

30 ml / 2 polévkové lžíce arašídového oleje
1 nakrájená cibule
450 g / 1 lb kuřecí játra, půlená
2 řapíkatý celer, nakrájené na plátky
120 ml / 4 fl oz / ½ šálku kuřecího vývaru
15 ml / 1 polévková lžíce kukuřičné mouky (kukuřičný škrob)
15 ml / 1 polévková lžíce sójové omáčky
30 ml / 2 polévkové lžíce vody
nudlová palačinka

Rozpálíme olej a orestujeme cibuli do měkka. Přidejte kuřecí játra a opékejte, dokud nezhnědnou. Přidejte celer a opékejte 1 minutu. Přilijeme vývar, přivedeme k varu, přikryjeme a vaříme 5 minut. Smíchejte kukuřičnou mouku, sójovou omáčku a vodu do pasty, promíchejte na pánvi a vařte za stálého míchání, dokud omáčka nezhoustne a nezhoustne. Směs přelijeme na nudlové pečivo a podáváme.

Kuřecí játra s ústřicovou omáčkou

pro 4 osoby

45 ml / 3 polévkové lžíce arašídového oleje (arašídový)
1 nakrájená cibule
225g/8oz kuřecí játra, půlená
100 g žampionů nakrájených na plátky
30 ml / 2 lžíce ústřicové omáčky
15 ml / 1 polévková lžíce sójové omáčky
15 ml / 1 lžíce rýžového vína nebo suchého sherry
120 ml / 4 fl oz / ½ šálku kuřecího vývaru
5 ml / 1 lžička cukru
15 ml / 1 polévková lžíce kukuřičné mouky (kukuřičný škrob)
45 ml / 3 polévkové lžíce vody

Polovinu oleje rozehřejeme a cibuli orestujeme do měkka. Přidejte kuřecí játra a opékejte, dokud nezhnědnou. Přidejte houby a opékejte 2 minuty. Smíchejte ústřicovou omáčku, sójovou omáčku, víno nebo sherry, vývar a cukr, nalijte do pánve a za stálého míchání přiveďte k varu. Kukuřičnou krupici a vodu spojte do pasty, přidejte do pánve a za stálého míchání vařte, dokud omáčka nezhoustne a nezhoustne a játra nezměknou.

Kuřecí játra s ananasem

pro 4 osoby

225g/8oz kuřecí játra, půlená
45 ml / 3 polévkové lžíce arašídového oleje (arašídový)
30 ml / 2 polévkové lžíce sójové omáčky
15 ml / 1 polévková lžíce kukuřičné mouky (kukuřičný škrob)
15 ml / 1 polévková lžíce cukru
15 ml / 1 polévková lžíce vinného octa
sůl a čerstvě mletý černý pepř
100g/4oz kousky ananasu
60 ml / 4 polévkové lžíce kuřecího vývaru

Kuřecí játra se vaří 30 sekund ve vroucí vodě a poté se scedí. Zahřejte olej a kuřecí játra opékejte 30 sekund. Smíchejte sójovou omáčku, kukuřičnou krupici, cukr, vinný ocet, sůl a pepř, nalijte na pánev a dobře promíchejte, aby se kuřecí játra obalila. Přidejte kousky ananasu a vývar a restujte asi 3 minuty, dokud se játra nerozvaří.

Sladkokyselá kuřecí játra

pro 4 osoby

30 ml / 2 polévkové lžíce arašídového oleje
450 g / 1 lb kuřecí játra, na čtvrtky
2 zelené papriky, nakrájené na kousky
4 konzervované plátky ananasu, nakrájené na kousky
60 ml / 4 polévkové lžíce kuřecího vývaru
30 ml / 2 polévkové lžíce kukuřičné mouky (kukuřičný škrob)
10 ml / 2 lžičky sójové omáčky
100 g / 4 unce / ½ šálku cukru
120 ml / 4 fl oz / ½ šálku vinného octa
120 ml / 4 fl oz / ½ sklenice vody

Rozehřejte olej a opečte játra, dokud lehce nezhnědnou, poté přendejte na teplý servírovací talíř. Přidejte papriky do pánve a opékejte 3 minuty. Přidejte ananas a vývar, přiveďte k varu, přikryjte a vařte 15 minut. Zbylé ingredience rozmixujte na pastu, promíchejte na pánvi a za stálého míchání vařte, dokud omáčka nezhoustne. Přelijeme kuřecí játra a podáváme.

Kuře s liči

pro 4 osoby

3 kuřecí prsa

60 ml / 4 polévkové lžíce kukuřičné mouky (kukuřičný škrob)

45 ml / 3 polévkové lžíce arašídového oleje (arašídový)

5 jarní cibulky (cibulky), nakrájené na plátky

1 červená paprika nakrájená na malé kousky

120 ml / 4 fl oz / ½ šálku rajčatové omáčky

120 ml / 4 fl oz / ½ šálku kuřecího vývaru

5 ml / 1 lžička cukru

10 uncí/275 g loupaného liči

Kuřecí prsa rozkrojte napůl a odstraňte kosti a kůži a vyhoďte. Každé prso rozdělte na 6. Nechte si 5 ml/1 lžičku kukuřičné mouky a do zbytku vhoďte kuře, dokud se dobře nepokryje. Rozehřejte olej a kuře opékejte asi 8 minut do zlatova. Přidejte pažitku a papriku a smažte 1 minutu. Ve woku smícháme rajčatovou omáčku, polovinu vývaru, cukr a smícháme s liči. Přiveďte k varu, přikryjte a vařte asi 10 minut, dokud není kuře zcela propečené. Vmíchejte odloženou kukuřičnou mouku a vodu a poté vmíchejte do pánve. Vařte na mírném ohni za míchání, dokud omáčka nezhoustne a nezhoustne.

Kuře s liči omáčkou

pro 4 osoby

225 g / 8 uncí kuře

1 jarní cibulka (cibulka)

4 vodní kaštany

30 ml / 2 polévkové lžíce kukuřičné mouky (kukuřičný škrob)

45 ml / 3 polévkové lžíce sójové omáčky

30 ml / 2 lžíce rýžového vína nebo suchého sherry

2 bílky

Olej na smažení

400 g / 14 oz konzervované liči v sirupu

5 lžic kuřecího vývaru

Kuře nasekejte (pomelte) s pažitkou a vodními kaštany. Smíchejte polovinu kukuřičného škrobu, 30 ml/2 polévkové lžíce sójové omáčky, víno nebo sherry a sníh z bílků. Ze směsi tvoříme kuličky velikosti vlašského ořechu. Rozpálíme olej a kuře opečeme do zlatova. Nechte okapat na papírových utěrkách.

Mezitím jemně zahřejte liči sirup s vývarem a odloženou sójovou omáčkou. Zbylou kukuřičnou mouku smíchejte s trochou vody, vložte ji do pánve a na mírném ohni vařte, dokud omáčka nezhoustne. Přidejte liči a vařte na mírném ohni. Kuře přendejte na nahřátý servírovací talíř, pokapejte liči a omáčkou a ihned podávejte.

Kuře s Mangetoutem

pro 4 osoby

225g/8oz kuře, nakrájené na tenké plátky
5 ml / 1 lžička kukuřičné mouky (kukuřičný škrob)
5 ml / 1 lžička rýžového vína nebo suchého sherry
5 ml / 1 lžička sezamového oleje
1 bílek, lehce našlehaný
45 ml / 3 polévkové lžíce arašídového oleje (arašídový)
1 stroužek prolisovaného česneku
1 plátek kořene zázvoru, nasekaný
100 g / 4 unce sněhového hrášku
120 ml / 4 fl oz / ½ šálku kuřecího vývaru
sůl a čerstvě mletý černý pepř

Smíchejte kuře s kukuřičným škrobem, vínem nebo sherry, sezamovým olejem a bílkem. Rozehřejte polovinu oleje a orestujte česnek a zázvor do světle zlaté barvy. Přidejte kuře a opékejte dozlatova, poté vyjměte z pánve. Rozehřejte zbylý olej a sněhový hrášek 2 minuty opékejte. Přilijeme vývar, přivedeme k varu, přikryjeme a vaříme 2 minuty. Vraťte kuře na pánev a dochuťte solí a pepřem. Vařte na mírném ohni až do úplného zahřátí.

Mango kuře

pro 4 osoby

100 g / 4 unce / 1 hrnek hladké mouky (univerzální)
250 ml / 8 fl oz / 1 sklenice vody
2,5 ml / ½ lžičky soli
špetka prášku do pečiva
3 kuřecí prsa
Olej na smažení
1 plátek kořene zázvoru, nasekaný
150 ml / ¼ pt / štědrého ½ šálku kuřecího vývaru
45 ml / 3 polévkové lžíce vinného octa
45 ml / 3 lžíce rýžového vína nebo suchého sherry
20 ml / 4 lžičky sójové omáčky
10 ml / 2 lžičky cukru
10 ml / 2 lžičky kukuřičné mouky (kukuřičný škrob)
5 ml / 1 lžička sezamového oleje
5 jarní cibulky (cibulky), nakrájené na plátky
400g/11oz konzervované mango, okapané a nakrájené na proužky

Smíchejte mouku, vodu, sůl a prášek do pečiva. Počkejte 15 minut. Z kuřete odstraňte kůži a kosti a vyhoďte. Kuřecí maso nakrájíme na tenké nudličky. Vmícháme je do moučné směsi.

Rozehřejte olej a kuře opékejte asi 5 minut do zlatova. Vyjměte z pánve a nechte okapat na kuchyňském papíru. Odstraňte z woku všech kromě 15 ml / 1 polévkovou lžíci oleje a orestujte zázvor do světle zlatavé barvy. Smíchejte vývar s vínem, vinným nebo sherry octem, sójovou omáčkou, cukrem, kukuřičnou moukou a sezamovým olejem. Přidejte do pánve a za stálého míchání přiveďte k varu. Přidejte pažitku a vařte 3 minuty. Přidejte kuře a mango a vařte za míchání 2 minuty.

Kuřecí plněný meloun

pro 4 osoby

350 g / 12 oz kuřecí maso

6 vodních kaštanů

2 lastury měkkýšů

4 plátky kořene zázvoru

5 ml / 1 lžička soli

15 ml / 1 polévková lžíce sójové omáčky

600 ml / 1 bod / 2½ šálku kuřecího vývaru

8 malých nebo 4 střední melouny

Kuřecí maso, kaštany, mušle a zázvor nakrájíme najemno a smícháme se solí, sójovou omáčkou a vývarem. Melounům odřízněte vršky a odstraňte semínka. Viděl jsem horní okraje. Naplňte melouny kuřecí směsí a položte na mřížku v pařáku. Vařte v páře nad vroucí vodou po dobu 40 minut, dokud není kuře propečené.

Dušené kuře a houby

pro 4 osoby

45 ml / 3 polévkové lžíce arašídového oleje (arašídový)
1 stroužek prolisovaného česneku
1 jarní cibulka (cibulka), nakrájená
1 plátek kořene zázvoru, nasekaný
225g/8oz kuřecí prsa, nakrájená na plátky
225 g / 8 uncí hub
45 ml / 3 polévkové lžíce sójové omáčky
15 ml / 1 lžíce rýžového vína nebo suchého sherry
5 ml / 1 lžička kukuřičné mouky (kukuřičný škrob)

Rozehřejte olej a orestujte česnek, jarní cibulku a zázvor do zlatova. Přidejte kuře a opékejte 5 minut. Přidejte houby a opékejte 3 minuty. Přidejte sójovou omáčku, víno nebo sherry a kukuřičnou mouku a restujte, dokud není kuře zcela uvařené, asi 5 minut.

Kuře s houbami a arašídy

pro 4 osoby

30 ml / 2 polévkové lžíce arašídového oleje
2 stroužky prolisovaného česneku
1 plátek kořene zázvoru, nasekaný
450 g / 1 libra vykostěné kuře, nakrájené na kostky
225 g / 8 uncí hub
100g/4oz bambusové výhonky, nakrájené na proužky
1 nakrájená zelená paprika
1 červená paprika nakrájená na kostičky
250 ml / 8 fl oz / 1 šálek kuřecího vývaru
30 ml / 2 lžíce rýžového vína nebo suchého sherry
15 ml / 1 polévková lžíce sójové omáčky
15 ml / 1 polévková lžíce tabasco omáčky
30 ml / 2 polévkové lžíce kukuřičné mouky (kukuřičný škrob)
30 ml / 2 polévkové lžíce vody

Zahřejte olej, česnek a zázvor, dokud česnek mírně nezezlátne. Přidejte kuře a opékejte do světle zlatohnědé barvy. Přidejte houby, bambusové výhonky a papriku a opékejte 3 minuty. Přidejte vývar, víno nebo sherry, sójovou omáčku a omáčku Tabasco a za stálého míchání přiveďte k varu. Přikryjte a vařte asi 10 minut, dokud není kuře zcela propečené. Smíchejte kukuřičnou krupici a vodu a vmíchejte do omáčky. Vařte za stálého míchání, dokud není omáčka řídká a hustá, pokud je omáčka příliš hustá, přidejte ještě trochu vývaru nebo vody.

Houbové restované kuře

pro 4 osoby

6 sušených čínských hub
1 kuřecí prso, nakrájené na tenké plátky
1 plátek kořene zázvoru, nasekaný
2 zelené cibule (nakrájená jarní cibulka).
15 ml / 1 polévková lžíce kukuřičné mouky (kukuřičný škrob)
15 ml / 1 lžíce rýžového vína nebo suchého sherry
30 ml / 2 polévkové lžíce vody
2,5 ml / ½ lžičky soli
45 ml / 3 polévkové lžíce arašídového oleje (arašídový)
225 g žampionů, nakrájených na plátky
100g/4oz fazolové klíčky
15 ml / 1 polévková lžíce sójové omáčky
5 ml / 1 lžička cukru
120 ml / 4 fl oz / ½ šálku kuřecího vývaru

Houby namočte na 30 minut do teplé vody, poté slijte. Vyhoďte stonky a odřízněte vršky. Vložte kuře do misky. Smíchejte zázvor, jarní cibulku, kukuřičný škrob, víno nebo sherry, vodu a sůl, přidejte ke kuřeti a nechte 1 hodinu odležet. Rozehřejte polovinu oleje a opečte kuře, dokud lehce nezhnědne, poté vyjměte z pánve. Zbylý olej rozehřejte a sušené a čerstvé houby a fazolové klíčky opékejte 3 minuty. Přidejte sójovou omáčku, cukr a vývar, přiveďte k varu, přikryjte a vařte 4 minuty, dokud zelenina nezměkne. Vraťte kuře na pánev, dobře promíchejte a před podáváním mírně prohřejte.

Dušené kuře s houbami

pro 4 osoby

4 kusy kuřete
30 ml / 2 polévkové lžíce kukuřičné mouky (kukuřičný škrob)
30 ml / 2 polévkové lžíce sójové omáčky
3 jarní cibulky (nakrájená jarní cibulka).
2 plátky kořenového zázvoru, nakrájené
2,5 ml / ½ lžičky soli
100 g žampionů nakrájených na plátky

Kuřecí kousky nakrájejte na 5 cm / 2 kusy a vložte do žáruvzdorné mísy. Z kukuřičné mouky a sójové omáčky vytvořte pastu, přidejte jarní cibulku, zázvor a sůl a dobře promíchejte s kuřetem. Jemně houby přiklopte. Umístěte misku na mřížku do paráku, přikryjte a vařte v páře nad vroucí vodou asi 35 minut, dokud kuře nezměkne.

Cibulové kuře

pro 4 osoby

60 ml / 4 polévkové lžíce arašídového oleje
2 nakrájené cibule
450 g / 1 libra kuře, nakrájené na plátky
30 ml / 2 lžíce rýžového vína nebo suchého sherry
250 ml / 8 fl oz / 1 šálek kuřecího vývaru
45 ml / 3 polévkové lžíce sójové omáčky
30 ml / 2 polévkové lžíce kukuřičné mouky (kukuřičný škrob)
45 ml / 3 polévkové lžíce vody

Rozehřejte olej a smažte cibuli do světle zlatohnědé barvy. Přidejte kuře a opékejte do světle zlatohnědé barvy. Přidejte víno nebo sherry, vývar a sójovou omáčku, přiveďte k varu, přikryjte a vařte 25 minut, dokud kuře nezměkne. Smíchejte kukuřičnou krupici a vodu do pasty, promíchejte v pánvi a za stálého míchání vařte, dokud omáčka nezhoustne a nezhoustne.

pomerančové a citronové kuře

pro 4 osoby

350 g / 1 lb kuřecího masa, nakrájeného na nudličky

30 ml / 2 polévkové lžíce arašídového oleje

2 stroužky prolisovaného česneku

2 plátky kořene zázvoru, nakrájené

Nastrouhaná kůra z ½ pomeranče

Nastrouhaná kůra z ½ citronu

45 ml / 3 polévkové lžíce pomerančové šťávy

45 ml / 3 polévkové lžíce citronové šťávy

15 ml / 1 polévková lžíce sójové omáčky

3 jarní cibulky (nakrájená jarní cibulka).

15 ml / 1 polévková lžíce kukuřičné mouky (kukuřičný škrob)

45 ml / 1 polévková lžíce vody

Kuře blanšírujte ve vroucí vodě po dobu 30 sekund, poté sceďte. Rozehřejte olej a smažte česnek a zázvor po dobu 30 sekund. Přidejte pomerančovou a citronovou kůru a šťávu, sójovou omáčku a jarní cibulku a opékejte 2 minuty. Přidejte kuře a vařte několik minut, dokud kuře nezměkne. Kukuřičnou krupici a vodu rozmixujte na pastu, promíchejte na pánvi a za stálého míchání vařte, dokud omáčka nezhoustne.

Kuře s ústřicovou omáčkou

pro 4 osoby

30 ml / 2 polévkové lžíce arašídového oleje
1 stroužek prolisovaného česneku
1 plátek jemně nakrájeného zázvoru
450 g / 1 libra kuře, nakrájené na plátky
250 ml / 8 fl oz / 1 šálek kuřecího vývaru
30 ml / 2 lžíce ústřicové omáčky
15 ml / 1 lžíce rýžového vína nebo sherry
5 ml / 1 lžička cukru

Rozehřejte olej s česnekem a zázvorem a smažte, dokud lehce nezhnědne. Přidejte kuře a opékejte, dokud lehce nezhnědne, asi 3 minuty. Přidejte vývar, ústřicovou omáčku, víno nebo sherry a cukr, přiveďte k varu, míchejte, poté přikryjte a vařte za občasného míchání, dokud není kuře zcela uvařené, asi 15 minut. Odstraňte poklici a pokračujte ve vaření za stálého míchání asi 4 minuty, dokud se omáčka nezredukuje a nezhoustne.

kuřecí balíčky

pro 4 osoby

225 g / 8 uncí kuře
30 ml / 2 lžíce rýžového vína nebo suchého sherry
30 ml / 2 polévkové lžíce sójové omáčky
voskovaný nebo pergamenový papír na pečení
30 ml / 2 polévkové lžíce arašídového oleje
Olej na smažení

Kuřecí maso nakrájíme na 5cm/2 kostky. Víno nebo sherry a sójovou omáčku smícháme, nalijeme na kuře a dobře promícháme. Zakryjte a nechte 1 hodinu stát za občasného míchání. Papír nastříháme na 10 cm čtverce a namažeme je štětcem. Kuře dobře sceďte. Položte list papíru na pracovní plochu jedním rohem směrem k vám. Kousek kuřete vložte do čtverce těsně pod střed, přehněte spodní roh a znovu přeložte, aby kuře zakrylo. Sklopte strany a poté sklopte horní roh dolů, abyste zajistili balení. Rozehřejte olej a opékejte kuřecí balíčky asi 5 minut, dokud nejsou uvařené. Podávejte horké v balíčcích, aby si je mohli hosté otevřít.

arašídové kuře

pro 4 osoby

225g/8oz kuře, nakrájené na tenké plátky
1 bílek, lehce našlehaný
10 ml / 2 lžičky kukuřičné mouky (kukuřičný škrob)
45 ml / 3 polévkové lžíce arašídového oleje (arašídový)
1 stroužek prolisovaného česneku
1 plátek kořene zázvoru, nasekaný
2 nakrájené pórky
30 ml / 2 polévkové lžíce sójové omáčky
15 ml / 1 lžíce rýžového vína nebo suchého sherry
100g/4oz pražených arašídů

Smíchejte kuře s bílky a kukuřičným škrobem, dokud se dobře nepotáhne. Zahřejte polovinu oleje a opečte kuře do zlatova, poté vyjměte z pánve. Rozpálíme zbylý olej a orestujeme s česnekem a zázvorem do změknutí. Přidejte pórek a smažte do světle zlatohnědé barvy. Přidejte sójovou omáčku a víno nebo sherry a vařte 3 minuty. Vraťte kuře na pánev s arašídy a vařte, dokud se úplně nezahřeje.

Kuře na arašídovém másle

pro 4 osoby

4 kuřecí prsa, nakrájená na kostičky

sůl a čerstvě mletý černý pepř

5 ml / 1 čajová lžička prášku z pěti koření

45 ml / 3 polévkové lžíce arašídového oleje (arašídový)

1 cibule nakrájená na kostičky

2 mrkve, nakrájené

1 řapíkatý celer, nakrájený

300 ml / ½ bodu / 1 ¼ šálku kuřecího vývaru

10 ml / 2 lžičky rajčatového protlaku (pasta)

100g/4oz arašídové máslo

15 ml / 1 polévková lžíce sójové omáčky

10 ml / 2 lžičky kukuřičné mouky (kukuřičný škrob)

špetka hnědého cukru

15 ml / 1 polévková lžíce nasekané pažitky

Kuře ochutíme solí, pepřem a práškem z pěti koření. Rozehřejte olej a opečte kuře do měkka. Vyjměte z pánve. Přidejte zeleninu a opékejte, dokud nebude měkká, ale stále křupavá. Vývar smícháme s ostatními surovinami kromě pažitky, vmícháme do pánve a přivedeme k varu. Vraťte kuře na pánev a prohřejte, míchejte. Podávejte posypané cukrem.

kuře s hráškem

pro 4 osoby

60 ml / 4 polévkové lžíce arašídového oleje

1 nakrájená cibule

450 g/1 libra kuřete, nakrájené

sůl a čerstvě mletý černý pepř

100 g/4 unce hrášku

2 nakrájené stonky celeru

100 g nakrájených hub

250 ml / 8 fl oz / 1 šálek kuřecího vývaru

15 ml / 1 polévková lžíce kukuřičné mouky (kukuřičný škrob)

15 ml / 1 polévková lžíce sójové omáčky

60 ml / 4 polévkové lžíce vody

Rozpálíme olej a orestujeme cibuli do světle zlatohnědé barvy. Přidejte kuře a opékejte dohněda. Dochuťte solí, pepřem a přidejte hrášek, celer a houby a dobře promíchejte. Přilijeme vývar, přivedeme k varu, přikryjeme a dusíme 15 minut. Smíchejte kukuřičnou mouku, sójovou omáčku a vodu do pasty, promíchejte na pánvi a vařte za stálého míchání, dokud omáčka nezhoustne a nezhoustne.

pekingské kuře

pro 4 osoby

4 porce kuřete
sůl a čerstvě mletý černý pepř
5 ml / 1 lžička cukru
1 jarní cibulka (cibulka), nakrájená
1 plátek kořene zázvoru, nasekaný
15 ml / 1 polévková lžíce sójové omáčky
15 ml / 1 lžíce rýžového vína nebo suchého sherry
15 ml / 1 polévková lžíce kukuřičné mouky (kukuřičný škrob)
Olej na smažení

Kuřecí kousky dejte do mělké misky a posypte solí a pepřem. Vmíchejte cukr, jarní cibulku, zázvor, sójovou omáčku a víno nebo sherry, kuře potřete, přikryjte a nechte 3 hodiny marinovat. Kuře sceďte a posypte kukuřičnou moukou. Rozehřejte olej a opečte kuře dozlatova a dobře propečené. Před podáváním dobře sceďte.

chilli kuře

pro 4 osoby

60 ml / 4 polévkové lžíce sójové omáčky
45 ml / 3 lžíce rýžového vína nebo suchého sherry
45 ml / 3 lžíce kukuřičné mouky (kukuřičný škrob)
450 g / 1 libra kuřete, nakrájené (mleté)
60 ml / 4 polévkové lžíce arašídového oleje
2,5 ml / ½ lžičky soli
2 stroužky prolisovaného česneku
2 červené papriky nakrájené na kostičky
1 nakrájená zelená paprika
5 ml / 1 lžička cukru
300 ml / ½ bodu / 1¼ šálku kuřecího vývaru

Vmíchejte polovinu sójové omáčky, polovinu vína nebo sherry a polovinu kukuřičného škrobu. Nalijte na kuře, dobře promíchejte a nechte marinovat alespoň 1 hodinu. Polovinu oleje rozehřejte se solí a česnekem, dokud česnek lehce nezezlátne. Přidejte kuře a marinádu a restujte asi 4 minuty, dokud kuřata nezbělají, poté stáhněte z plotny. Do pánve přidejte zbývající olej a 2 minuty opékejte papriky. Do pánve přidejte zbývající sójovou omáčku, víno nebo sherry, kukuřičnou mouku a cukr a dobře promíchejte. Přilijeme vývar, přivedeme k varu a za stálého míchání vaříme, dokud omáčka nezhoustne. Vraťte kuře na pánev, přikryjte a vařte 4 minuty, dokud není kuře zcela propečené.

Kuře na pepři

pro 4 osoby

1 kuřecí prso, nakrájené na tenké plátky
2 plátky kořene zázvoru, nakrájené
2 zelené cibule (nakrájená jarní cibulka).
15 ml / 1 polévková lžíce kukuřičné mouky (kukuřičný škrob)
30 ml / 2 lžíce rýžového vína nebo suchého sherry
30 ml / 2 polévkové lžíce vody
2,5 ml / ½ lžičky soli
45 ml / 3 polévkové lžíce arašídového oleje (arašídový)
100 g vodních kaštanů, nakrájených na plátky
1 červená paprika nakrájená na proužky
1 zelená paprika nakrájená na proužky
1 žlutá paprika nakrájená na proužky
30 ml / 2 polévkové lžíce sójové omáčky
120 ml / 4 fl oz / ½ šálku kuřecího vývaru

Vložte kuře do misky. Smíchejte zázvor, jarní cibulku, kukuřičný škrob, víno nebo sherry, vodu a sůl, přidejte ke kuřeti a nechte 1 hodinu odležet. Rozehřejte polovinu oleje a opečte kuře, dokud lehce nezhnědne, poté vyjměte z pánve. Rozehřejte zbývající olej a 2 minuty opékejte vodní kaštany a papriky. Přidejte sójovou omáčku a vývar, přiveďte k varu, přikryjte a vařte 5 minut, dokud zelenina nezměkne. Vraťte kuře na pánev, dobře promíchejte a před podáváním mírně prohřejte.

kuře a ananas

pro 4 osoby

30 ml / 2 polévkové lžíce arašídového oleje

5 ml / 1 lžička soli

2 stroužky prolisovaného česneku

1 libra/450 g vykostěného kuřete, nakrájeného na tenké plátky

2 nakrájené cibule

100 g vodních kaštanů, nakrájených na plátky

100g/4oz kousky ananasu

30 ml / 2 lžíce rýžového vína nebo suchého sherry

450 ml / ¾ bodu / 2 šálky kuřecího vývaru

5 ml / 1 lžička cukru

čerstvý černý pepř

30 ml / 2 polévkové lžíce ananasové šťávy

30 ml / 2 polévkové lžíce sójové omáčky

30 ml / 2 polévkové lžíce kukuřičné mouky (kukuřičný škrob)

Zahřejte olej, sůl a česnek, dokud česnek lehce nezezlátne. Přidejte kuře a opékejte 2 minuty. Přidejte cibuli, kaštany a ananas a restujte 2 minuty. Přidejte víno nebo sherry, vývar a cukr a dochuťte pepřem. Přiveďte k varu, přikryjte a na mírném ohni vařte 5 minut. Smíchejte ananasový džus, sójovou omáčku a kukuřičnou krupici. Umístěte na pánev a vařte za stálého míchání, dokud omáčka nezhoustne a nebude čirá.

Kuře s ananasem a liči

pro 4 osoby

30 ml / 2 polévkové lžíce arašídového oleje
225g/8oz kuře, nakrájené na tenké plátky
1 plátek kořene zázvoru, nasekaný
15 ml / 1 polévková lžíce sójové omáčky
15 ml / 1 lžíce rýžového vína nebo suchého sherry
Konzervované kousky ananasu ve 200 g sirupu
7 uncí / 200 g konzervovaného liči v sirupu
15 ml / 1 polévková lžíce kukuřičné mouky (kukuřičný škrob)

Rozehřejte olej a opékejte kuře, dokud nezíská světlou barvu. Přidejte sójovou omáčku a víno nebo sherry a dobře promíchejte. Odměřte 250 ml/8 fl oz/1 šálek směsi ananasového a liči sirupu a oddělte 30 ml/2 polévkové lžíce. Zbytek přidejte do pánve, přiveďte k varu a vařte několik minut, dokud kuře nezměkne. Přidejte kousky ananasu a liči. Vmíchejte sirup oddělený kukuřičnou moukou, vmíchejte do pánve a za stálého míchání vařte, dokud omáčka nezhoustne a nezhoustne.

kuře s vepřovým masem

pro 4 osoby

1 kuřecí prso, nakrájené na tenké plátky
100g/4oz libové vepřové maso, nakrájené na tenké plátky
60 ml / 4 polévkové lžíce sójové omáčky
15 ml / 1 polévková lžíce kukuřičné mouky (kukuřičný škrob)
1 vaječný bílek
45 ml / 3 polévkové lžíce arašídového oleje (arašídový)
3 plátky kořene zázvoru, nakrájené
50 g/2 unce bambusových výhonků, nakrájených na plátky
225 g žampionů, nakrájených na plátky
225 g čínských listů, nakrájených
120 ml / 4 fl oz / ½ šálku kuřecího vývaru
30 ml / 2 polévkové lžíce vody

Smíchejte kuřecí a vepřové maso. Smíchejte sójovou omáčku, 5 ml / 1 lžičku kukuřičné mouky a vaječný bílek a přidejte kuřecí a vepřové maso. Odpočívejte 30 minut. Zahřejte polovinu oleje a opékejte kuřecí a vepřové maso, dokud lehce nezhnědne, poté vyjměte z pánve. Rozehřejte zbývající olej a orestujte na něm zázvor, bambusové výhonky, houby a čínské listy, dokud nejsou dobře obalené. Přidejte vývar a přiveďte k varu. Vraťte kuřecí směs na pánev, přikryjte a vařte, dokud maso není měkké, asi 3 minuty. Zbylou kukuřičnou krupici rozmixujte s vodou na pastovitou konzistenci, přidejte do omáčky a za stálého míchání vařte, dokud omáčka nezhoustne. Podávejte najednou.

Dušená vejce se šunkou a rybami

Na 4 až 6 porcí

6 vajec, oddělených

225 g / 8 uncí mleté tresky (mleté)

375 ml / 13 fl oz / 1½ šálku teplé vody

špetka soli

50g/2oz uzená šunka, nakrájená na kostičky

15 ml / 1 polévková lžíce arašídového oleje

snítka ploché listové petržele

Smíchejte bílek s rybou, polovinou vody a trochou soli a směs nalijte do mělké žáruvzdorné mísy. Smíchejte žloutky se zbylou vodou, šunkou a trochou soli a nalijte na směs z bílků. Položte misku na mřížku do pařáku, přikryjte a vařte v páře nad vroucí vodou asi 20 minut, dokud vejce neztuhnou. Rozehřejte olej až do bodu páry, zalijte vejci a ozdobte petrželkou a podávejte.

Dušená vejce s vepřovým masem

pro 4 osoby

45 ml / 3 polévkové lžíce arašídového oleje (arašídový)
225g/8oz libové vepřové maso, mleté (mleté)
100 g vodních kaštanů, nasekaných (mletých)
1 jarní cibulka (cibulka), nakrájená
30 ml / 2 polévkové lžíce sójové omáčky
5 ml / 1 lžička soli
120 ml / 4 fl oz / ½ šálku kuřecího vývaru
4 vejce, lehce rozšlehaná

Rozehřejte olej a orestujte na něm vepřové maso, vodní kaštan a pažitku do světlé barvy. Přidejte sójovou omáčku a sůl, poté slijte přebytečný olej a nalijte do mělké zapékací mísy. Vývar zahřejeme, smícháme s vejci a zalijeme masovou směsí. Položte misku na mřížku do paráku, přikryjte a vařte v páře nad vroucí vodou asi 30 minut, dokud vejce neztuhnou.

www.ingramcontent.com/pod-product-compliance
Lightning Source LLC
Chambersburg PA
CBHW071432080526
44587CB00014B/1809